CARTEA DE BUCATE COLOMBIANĂ ULTIMĂ

100 de rețete care sărbătoresc moștenirea bogată a Americii de Sud

Pavel Tabacu

Material cu drepturi de autor ©2024

Toate drepturile rezervate

Nicio parte a acestei cărți nu poate fi folosită sau transmisă sub nicio formă sau prin orice mijloc fără acordul scris corespunzător al editorului și al proprietarului drepturilor de autor, cu excepția citatelor scurte utilizate într-o recenzie. Această carte nu trebuie considerată un substitut al sfaturilor medicale, juridice sau de altă natură profesională.

CUPRINS

- CUPRINS 3
- INTRODUCERE 6
- MIC DEJUN 7
  - 1. Chorizo columbian 8
  - 2. Mic dejun tradițional columbian (Calentado) 10
  - 3. Huevos Pericos 12
  - 4. Caldo De Costilla 14
  - 5. Pâine columbiană cu manioc (Pandebono) 16
  - 6. Patlagina verde piure columbiană 19
  - 7. Arepa Boyacense 21
  - 8. Arepa umpluta cu ou 23
  - 9. Ouă cu roșii, ardei și ceapă 25
  - 10. Crepe cu branza 27
  - 11. Toast columbian 29
  - 12. Briose cu ouă de cocos 31
- APERITIVE ȘI GUSTĂRI 33
  - 13. Crochete de șuncă și cartofi 34
  - 14. Branza la gratar pe paine 37
  - 15. Chicharrones 39
  - 16. Tort Yuca-Cocos 41
  - 17. Patacones columbieni 43
  - 18. Brânză columbiană-bile Arepa 45
  - 19. Empanadas cu pătlagină coaptă cu brânză 47
  - 20. Crochete de pui 49
  - 21. Nachos columbian cu pătlagină 52
  - 22. Mini Arepa Pizza 54
  - 23. Gogoși cu cartofi 56
  - 24. Aborrajados 58
- SALAȚE ȘI GARNURI 60
  - 25. Salată columbiană de varză verde 61
  - 26. Salată columbiană 63
  - 27. Salată de cartofi columbian 65
  - 28. Salată columbiană de morcovi și sfeclă marinați 67
  - 29. Salată de linte, rucola, mango și quinoa 69
  - 30. Salată de avocado și roșii 71
  - 31. Salată de roșii și inimi de palmier 73
  - 32. Salată de roșii columbiană 75
  - 33. Salată de quinoa, creveți și chimichurri 77
- SUPE ȘI TOCHINE 79
  - 34. Supă columbiană de ouă și lapte 80

35. Sopa De Lentejas Con Carne 82
36. Sopa De Patacones 84
37. Sancocho De Gallina 86
38. Mondongo Colombiano 88
39. Supă de chifteluță și orez 90
40. Supă columbiană de orz și porc 93
41. Supă de linte în stil columbian 95
42. Tocană cu fructe de mare 97
43. Sancocho cu trei carne 99
44. Supă columbiană Ahuyama 101
45. Tocană columbiană de pui cu porumb și cartofi 103
46. Supă De Pui și Nucă De Cocos 106
47. Sancocho de pui columbian 108

FELURI PRINCIPALE 110
48. Carne de porc umplută în stil columbian 111
49. Milaneză de porc columbian 113
50. Pește întreg prăjit columbian 115
51. Salsa columbiană de roșii și ceapă 117
52. Fasole columbiană 119
53. Carne En Polvo 121
54. Linte columbiene 123
55. Cartofi Turmada columbieni 125
56. Carne Asada columbiană 128
57. Empanadas vegetariene cu fasole neagră și porumb 130
58. Frijoles Colombianos 133
59. Sancocho De Albondigas 135
60. Crema De Aguacate 137
61. Chiftele în stil columbian 139
62. Somon copt cu ulei de coriandru-usturoi 142
63. Somon cu sos de creveți 144
64. Pulpă de porc prăjită în stil columbian 146
65. Friptură înmuiată în lime 148
66. Sandviș cu pui 150
67. Coaste de porc columbiene 152
68. Slănină și gură verde 154
69. Orez copt cu șuncă și brânză 156
70. Placinta de pui la oala 158

DESERTURI 161
71. Crema de Crăciun columbiană 162
72. Tort cu lira columbiană 165
73. Biscuiți columbieni cu unt și zahăr (Polvorosas) 167
74. Merengón columbian 169
75. Bomboane cu nucă de cocos (Cocadas Blancas) 171

76. Tort cu firimituri de mere 173
77. Mousse de avocado 175
78. Torta De Tres Leches 177
79. Rozete columbiene 180
80. Pâine umplută cu pastă de guava 183
81. Tort cu mălai 186
82. Budincă de lapte în stil columbian (Postre De Natas) 188
83. Tort cu nucă de cocos 190
84. Buuelos columbieni 192
85. Tort cu pandișpan columbian (Bizcochuelo) 194
86. Patiserie columbiană Dulce De Leche 196
87. Bucăți columbiene de ciocolată și brioșe cu banane 198
88. Bezea columbiană cu căpșuni 200
89. Tort cu manioc 202
90. Plăcintă cu cremă de ciocolată 204
91. Flan de vanilie 206
92. Postre De Milo 208
93. Bananos Calados 210

BĂUTURI 212

94. Refajo columbian 213
95. Ciocolată caldă columbiană cu brânză 215
96. Coralul columbian 217
97. Băutură caldă de ananas columbian 219
98. Cocktail columbian de nucă de cocos 221
99. columbian Salpicón 223
100. Cocktail de portocale și aguardiente 225

CONCLUZIE 227

INTRODUCERE

Bine ați venit la „CARTEA DE BUCATE COLOMBIANĂ ULTIMĂ", o călătorie culinară extraordinară care sărbătorește moștenirea bogată și diversă a Americii de Sud prin aromele vibrante ale bucătăriei columbiene. Această carte de bucate este un omagiu adus comorilor gastronomice din Columbia, oferind o colecție tentantă de 100 de rețete care reflectă bogăția culturală a țării, tradițiile culinare și dragostea pentru mâncare. Bucătăria columbiană este un amestec de influențe din culturile indigene, spaniole, africane și caraibiene, rezultând o tapiserie de arome, culori și texturi care sunt la fel de variate ca peisajele acestei țări frumoase. De la străzile pline de viață din Bogotá până la văile luxuriante ale Anzilor și coasta Caraibelor, fiecare regiune a Columbiei se mândrește cu propriile delicii culinare unice, modelate de ingrediente, tradiții și obiceiuri locale.

În această carte de bucate, vă invităm să porniți într-o aventură culinară prin Columbia, unde fiecare rețetă spune o poveste și fiecare fel de mâncare este o sărbătoare a moștenirii bogate a țării. De la tocane copioase și arepas reconfortante până la deserturi cu fructe tropicale și băuturi răcoritoare, pregătiți-vă pentru a vă încânta papilele gustative cu aromele autentice ale Columbiei. Dar „CARTEA DE BUCATE COLOMBIANĂ ULTIMĂ" este mai mult decât o simplă colecție de rețete – este o călătorie de descoperire, explorare și apreciere pentru minunile culinare ale Americii de Sud. Pe măsură ce vă adânciți în paginile acestei cărți de bucate, veți afla despre istoria și semnificația culturală a bucătăriei columbiene, precum și sfaturi și tehnici pentru recrearea mâncărurilor columbiene autentice în propria bucătărie. Așadar , fie că sunteți un bucătar experimentat sau un bucătar începător, fie că explorați bucătăria columbiană pentru prima dată sau că doriți să vă reconectați cu rădăcinile dvs. culinare, lăsați „CARTEA DE BUCATE COLOMBIANĂ ULTIMĂ" să vă fie ghidul. De la piețele pline de viață din Medellín până la satele îndepărtate din pădurea tropicală amazoniană, fie ca fiecare rețetă să vă transporte în inima Columbiei și să vă inspire să creați mese memorabile care sărbătoresc bogatul moștenire culinară a țării.

MIC DEJUN

1.Chorizo columbian

INGREDIENTE:
- 1 carcasă de porc, 1 ¼ inch (50 picioare)
- 4 linguri otet de cidru
- 7 lbs. carne slabă de porc, tocată
- 6 catei de usturoi, tocati
- 4 legături de ceapă verde, tocate
- 1 legătură de coriandru proaspăt, tocat
- 1 lingura oregano uscat, tocat
- 2 linguri de otet alb
- 3 ½ căni de apă rece
- 7 linguri sare

INSTRUCȚIUNI:
Amestecați carnea de porc cu usturoi, ceapa verde, coriandru, oregano și oțet într-un robot de bucătărie timp de 1 minut. Îndesați acest amestec de carne în carcasa de porc și legați la două capete. Fierbeți apa rece cu sare într-o oală mare și gătiți chorizo-ul în apă timp de 10 minute. Tăiați și serviți.

2. Mic dejun tradițional columbian (Calentado)

INGREDIENTE:
- 4 arepas
- 4 chorizo-uri columbieni fierte
- 4 oua prajite
- 3 căni de hogao (sos creol columbian) sau sos de roșii similar
- 4 cesti de orez alb fiert
- 4 căni de fasole pinto fiartă

INSTRUCȚIUNI:
a) Într-o cratiță potrivită, combinați hogao , fasolea și orezul, amestecând bine pentru a acoperi orezul și fasolea cu hogao .
b) Gatiti, amestecand regulat, timp de aproximativ 15 minute la foc mediu sau pana cand amestecul este cald.
c) Împărțiți amestecul de fasole și orez uniform în farfuriile de servire. Înconjurați fasolea cu chorizo și arepa .
d) Adăugați ouăle prăjite peste fasole și orez, apoi serviți.

3. Huevos Pericos

INGREDIENTE:
- 4 ouă
- 2 rosii medii, tocate
- 2 linguri ulei de masline
- 4 linguri de ceai tocat
- Sarat la gust

INSTRUCȚIUNI:
a) Încinge uleiul într-o tigaie antiaderentă potrivită la foc mediu. Gatiti 5 minute, amestecand periodic, dupa ce adaugati rosiile si ceapa.
b) Între timp, amestecați ouăle și sarea într-un castron separat.
c) Se toarnă ouăle în tigaia cu amestecul de roșii și se gătesc, întorcându-le din când în când, până când amestecul începe să se întărească la foc mediu.
d) Gatiti aproape 2 minute pana cand ouale au consistenta pe care o alegeti, amestecand de doua ori pentru a combina ouale cu rosiile si ceapa.
e) Așezați pe un platou de servire și acoperiți cu arepa sau pâine.

4.Caldo De Costilla

INGREDIENTE:
- 3 lbs. de coaste scurte
- 1 lingurita chimen macinat
- 15 căni de apă
- ¼ lingurita de achiote, macinata
- 5 catei de usturoi, tocati
- 1 cană de ceapă, tăiată cubulețe
- 6 ceai, tocat
- ½ cană coriandru proaspăt, tocat
- 1 kg de cartofi, decojiți și tăiați cubulețe
- 2 morcovi mari, decojiti si feliati
- Sare si piper, dupa gust

INSTRUCȚIUNI:
a) Într-o oală potrivită, combinați coastele, chimenul, sarea achiote, piperul și apa.
b) Gatiti pana la fierbere, apoi reduceti la foc mic si gatiti aproximativ o ora. Într-un blender, combinați usturoiul, ceapa și ceapa cu ¼ de cană de apă și amestecați timp de un minut.
c) Gatiti inca 40 de minute cu acest amestec in oala. Combinați jumătate din coriandru, cartofii și morcovii într-un bol de amestecare potrivit.
d) Gatiti inca 30 de minute pana cand cartofii sunt moi si asezonati cu sare si piper. Se servește cald, ornat cu coriandru tocat.

5. Pâine columbiană cu manioc (Pandebono)

INGREDIENTE:
- 2 căni de făină de manioc
- ¼ cană făină de porumb (masa)
- 2 linguri de zahar
- 1 lingurita praf de copt
- 2 căni (10 oz) queso fresco, mărunțit
- ½ cană brânză feta, mărunțită
- 1 ½ linguriță sare
- 1 ou
- 2 linguri de unt de migdale
- 5 linguri lapte
- Pastă de guava, dacă se dorește

INSTRUCȚIUNI:

a) La 420 de grade F, preîncălziți cuptorul și ungeți cu unt o tavă de copt. Combinați făina de manioc, făina de porumb (masa), zahărul, praful de copt și brânzeturile într-un bol de amestecare adecvat. Pentru a amesteca, amestecați totul. Gustați amestecul și asezonați cu sare. Pentru a distribui uniform sarea, combinați toate ingredientele într-un bol de amestecare.

b) Combinați oul și untul într-un castron. Folosind vârfurile degetelor, combinați bine ingredientele. Adăugați câte patru linguri de lapte, amestecând bine după fiecare adăugare pană când aluatul se îmbină. Este nevoie de mai mult lapte dacă aluatul se sfărâmă atunci când este format într-o bilă.

c) Adăugați laptele încet, câte o lingură, pană când aluatul se îmbină și nu se sfărâmă când se formează o bilă. Împărțiți aluatul pregătit în 16 porții, rulați fiecare într-o bilă și puneți-o pe foaia de copt care a fost pregătită. Coaceți aproape 20 de minute până se rumenesc.

d) pandebono umplut, urmați acești pași: Formați o minge din aluat și apăsați-o cu degetul mare pentru a crea un mic godeu în centru.

e) Aduceți aluatul împreună în jurul unui cub mic (1 inch) de pastă de guava, ciupind cusătura pentru a-l sigila. Rulați din nou aluatul într-o bilă și puneți-o pe tava de copt.

f) Coaceți timp de 17-20 de minute, sau pană când se rumenesc.

g) Pentru a face un inel pandebono, urmați acești pași: Rotiți fiecare minge cu mâna într-o frânghie de șase inci. Pentru a forma un cerc, aduceți cele două margini împreună. Pentru a asigura o etanșare bună, apăsați ferm. Coacem 15-17 minute, pana se rumenesc, pe o tava de copt. Servi.

6.Patlagina verde piure columbiană

INGREDIENTE:
- 4 pătlagini verzi, decojite și tăiate felii
- 2 linguri de unt
- 1 lingura de ulei
- 1 cana ceapa tocata
- 2 cepți tăiați
- 2 rosii taiate cubulete
- 3 catei de usturoi tocati
- ½ linguriță de achiot măcinat
- Sare si piper, dupa gust
- Avocado, de servit
- Branza rasa, de servit
- Oua prajite sau omleta, de servit

INSTRUCȚIUNI:

a) Gătiți până când bananele verzi sau pătlaginile sunt moi. Se strecoară și se pasează cartofii. Puneti ceapa, rosiile, untul, ardeiul rosu, usturoiul si achiote intr-o tigaie potrivita la foc mediu.

b) Gătiți aproximativ 7 minute înainte de a adăuga pătlaginile piure și de a da deoparte.

c) Pentru a servi, acoperiți cu un ou prăjit, cheddar mărunțit și avocado tăiat cubulețe pe un vas.

7.Arepa Boyacense

INGREDIENTE:
- de masarepa galbena de faina de porumb prefiarta
- 5 linguri de făină universală
- 1 ½ cană apă fierbinte
- ½ cană lapte
- ¼ lingurita sare
- 2 linguri de zahar
- 3 linguri de unt moale
- 2 căni de queso fresco quesito columbian, mărunțit

INSTRUCȚIUNI:
a) Combinați masarepa , făina, apa, laptele, sarea, zahărul și untul într-un bol de amestecare adecvat. Frământați timp de trei minute cu mâinile, umezindu-le cu apă pe măsură ce mergeți. Formați aluatul în 12 bile mici.
b) Așezați fiecare minge între două pungi de plastic sau hârtie de pergament și aplatizați-o până la o grosime de aproximativ ⅛ inch cu un capac plat pentru oală.
c) Jumătate din cercurile de masa ar trebui să fie umplute cu brânză, iar cealaltă jumătate trebuie acoperită cu un alt cerc de masa de aluat. Sigilați marginile arepasului cu degetele pentru a preveni curgerea brânzei. Într-o tigaie antiaderentă, la foc mediu, topim untul.
d) arepasele pregătite în tigaie și gătiți timp de trei minute pe fiecare parte sau până formează o crustă.

8. Arepa umpluta cu ou

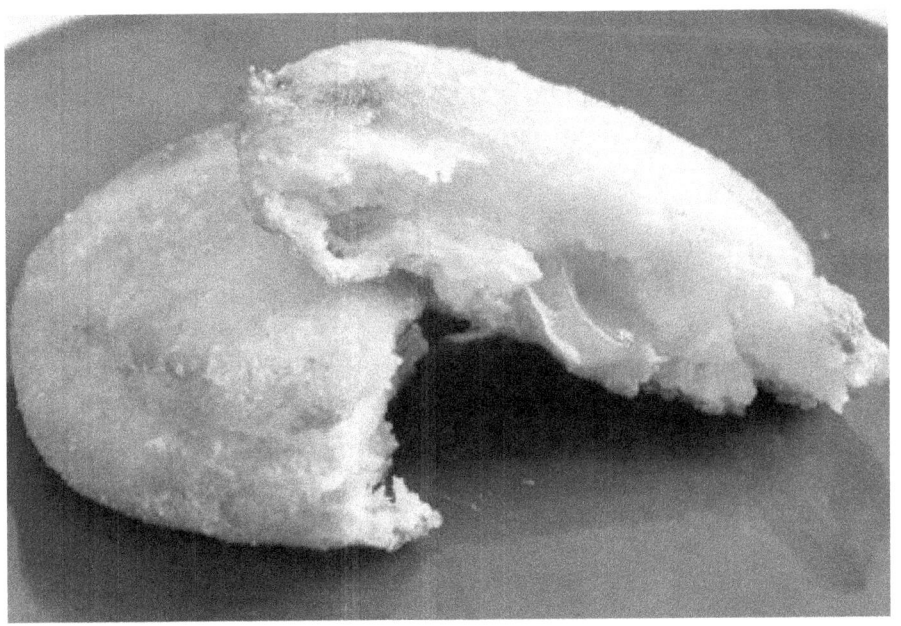

INGREDIENTE:
- 1 cană de masarepa galbenă sau făină de porumb pre-gătită
- ½ lingurita sare
- ½ lingurita zahar
- 1 cană de apă caldă
- Ulei vegetal, pentru prajit
- 4 ouă

INSTRUCȚIUNI:
a) Adăugați ulei într-o friteuză adecvată și încălziți la 350 de grade F. Amestecați masarepa cu sare, zahăr și apă într-un castron.
b) Împărțiți aluatul pregătit în 4 porții și rulați fiecare într-o rotundă de ¼ inch grosime.
c) Prăjiți-le până se rumenesc. Bate ouăle într-un castron. Puneți fiecare arepa într-un ramekin potrivit și turnați un ou în fiecare buzunar pentru arepa .
d) Gătiți-le timp de trei minute în cuptorul cu microunde și serviți.

9.Ouă cu roșii, ardei și ceapă

INGREDIENTE:
- 8 ouă mari
- 1 praf sare
- 1 lingura ulei de masline
- 4 ceai, feliați
- 2 ardei gras medii, fără semințe și tăiați cubulețe
- 2 roșii medii, fără semințe și tăiate cubulețe
- 2 catei de usturoi

INSTRUCȚIUNI:
a) Bateți bine ouăle cu un praf de sare. Veți dori să le bateți bine, deoarece mai mult aer în ouă are ca rezultat un produs final mai pufos și mai ușor. Într-o tigaie potrivită, se încălzește uleiul la foc mediu (fontă antiaderentă sau bine condimentată).
b) Se calesc ceapa si ardeiul gras pentru cateva minute.
c) Adaugati rosiile si usturoiul si continuati sa caliti inca doua minute, amestecand incet pentru a nu zdrobi rosiile. Reduceți căldura la o setare adecvată sau scăzută. Folosind un praf de sare, asezoneaza legumele in tigaie.
d) Puneți ouăle peste legume și amestecați-le ușor. Scoateți totul din tigaie după ce ouăle s-au întărit (aproximativ două minute) și serviți imediat cu fasole neagră, brânză, arepas și ciocolată caldă!

10.Crepe cu branza

INGREDIENTE:
- ⅓ cană făină
- 1 praf sare
- 3 linguri de apa
- Unt, de întins
- ½ cană de brânză mozzarella, mărunțită

INSTRUCȚIUNI:
a) Amestecați făina cu sare și apă într-un bol până se omogenizează. Pune o tigaie unsă cu unt la foc mediu.
b) Se toarnă aluatul de făină în el, se întinde și se fierbe timp de unul-două minute pe fiecare parte.
c) Transferați crepa pe o farfurie potrivită și acoperiți-o cu unt și brânză. Îndoiți acest crep și serviți.

11. Toast columbian

INGREDIENTE:
- ¼ cană zahăr
- 1 lingura scortisoara
- 3 căni de lapte
- 4 ouă
- 1 pâine franțuzească, feliată
- Ulei, pentru prajit

INSTRUCȚIUNI:

a) Se amestecă scorțișoara și zahărul pe o farfurie. Bateți ouăle într-un bol și adăugați laptele în altul.

b) Se pune o tigaie unsă cu ulei. Înmuiați pâinea în lapte, acoperiți cu ou și gătiți timp de 2-3 minute pe fiecare parte.

c) Transferați pâinea prăjită pe o farfurie tapetată cu un prosop de hârtie. Stropiți deasupra zahăr cu scorțișoară. Servi.

12. Briose cu ouă de cocos

INGREDIENTE:
- 1 lingurita de unt
- 1 lingurita zahar alb
- 1 (14 oz.) poate îndulci laptele condensat
- ½ cană de nucă de cocos mărunțită neîndulcit
- 2 oua
- 1 praf parmezan, ras

INSTRUCȚIUNI:
a) La 350 de grade F, preîncălziți cuptorul. Se unge cu unt o tava potrivita pentru mini briose si se unge cu zahar; bate ouăle cu brânză, nucă de cocos și lapte într-un castron.
b) Turnați acest amestec în cupele pentru brioșe.
c) Puneți această tavă într-o tavă și adăugați apă până la un inch din această tigaie. Coaceți timp de 10 minute și apoi lăsați paharele de cremă să se răcească. Servi.

Aperitive și gustări

13. Crochete de șuncă și cartofi

INGREDIENTE:
- 2 lingurite sare
- 2 lbs. de cartofi galbeni
- 2 linguri crema
- 2 linguri de unt
- Piper negru proaspăt măcinat, după gust
- 2 linguri de parmezan ras
- 2 galbenusuri mari
- ½ cană brânză cheddar rasă
- ¾ cană șuncă fiartă, tăiată cubulețe
- 2 ouă mari
- 2 linguri apa sau lapte
- 1 cană pesmet panko
- 1 cană de făină universală
- 2 lingurite patrunjel, tocat

INSTRUCȚIUNI:

a) Umpleți până la jumătate o oală potrivită cu apă rece și adăugați cartofii și două lingurițe de sare.

b) Fierbeți apa până la fiert, apoi acoperiți și gătiți până când cartofii se înmoaie când sunt înțepați cu o furculiță, aproximativ 20 de minute. Scurgeți-l într-o strecurătoare după ce se ia de pe foc. Curățați cartofii și puneți-i într-un bol de amestecare potrivit după ce s-au răcit suficient pentru a fi manipulați.

c) Pasează cartofii fierți în timp ce se amestecă cu smântâna și untul. Pentru a elimina cocoloașele, treceți printr-o mașină de tăiat cartofi sau bateți cu un mixer de mână prevăzut cu accesoriul cu paletă până se omogenizează. După gust, asezonați cu sare și piper.

d) Combinați parmezanul, gălbenușurile de ou și brânza mărunțită într-un castron. Dați amestecul de cartofi la frigider până se răcește complet. În palmă, puneți aproximativ ¼ de cană din amestecul de cartofi. Puneți înăuntru câteva felii de șuncă fiartă tăiată și aplatizați-o ușor. Îndoiți cartofii peste șuncă pentru a o acoperi bine, apoi formați o crochetă alungită.

e) Rep cu restul amestecului de cartofi. Bateți două ouă, una până la două linguri de apă sau lapte cu o furculiță într-un castron puțin adânc. Într-un castron mic, combinați pesmetul, făina și pătrunjelul; se asezoneaza cu piper negru si sare.
f) Trage crochetele în amestecul de făină/pesmet după ce le scufundi în amestecul de ouă și lasă orice în plus să cadă. Continuați cu crochetele rămase.
g) Încălziți trei inci de ulei într-o tigaie adâncă potrivită la 350 de grade F. Prăjiți crochetele până se rumenesc peste tot .
h) Cu o lingura cu fanta scoatem crochetele din ulei si le scurgem pe prosoape de hartie. Servi.

14. Branza la gratar pe paine

INGREDIENTE:
CHIMICHURRI
- ½ cana patrunjel tocat
- 1 lingura oregano proaspat tocat
- 2 sau 3 catei de usturoi, tocati
- ½ cană ulei de măsline
- Piper negru și sare, după gust
- Un praf mare de ardei rosu macinat
- 1 lingura otet de vin rosu
- 2 linguri de apa rece

BRÂNZĂ
- 8 oz. brânză provolone, feliată de cel puțin 1 inch grosime
- 1 lingura de oregano proaspat tocat sau 1 lingurita uscata
- ½ linguriță de ardei roșu măcinat
- 1 baghetă, feliată în rondele de ½ inch, prăjită, dacă se dorește

INSTRUCȚIUNI:
a) Combinați pătrunjelul, oregano, usturoiul, uleiul de măsline, piperul negru și sarea, ardeiul roșu zdrobit, oțetul și apa într-un castron mic. Lăsați deoparte câteva minute pentru a permite aromelor să se amestece. Sosul poate fi preparat cu o oră înainte. Preîncălziți o tigaie mică din fontă la mediu-mare.

b) Pune brânza în tigaia încălzită. Adăugați jumătate din oregano și un praf de ardei roșu măcinat. Gatiti 2 minute sau pana cand fundul tigaii incepe sa se rumeneasca.

c) Mai fierbeți aproape 3 minute, până când a doua parte se rumenește și brânza începe să se scurgă, răsturnând cu grijă brânza cu o spatulă. Puneți brânza pe un platou și acoperiți cu ingredientele rămase.

d) Presărați oregano rămas și ardeiul roșu zdrobit peste brânză pe un vas. Serviți imediat cu pâine și chimichurri în lateral.

15. Chicharrones

INGREDIENTE:
- 1 lb. burtă de porc, pe piele
- Apă de acoperit
- Sare si piper, dupa gust
- 2 lingurite de bicarbonat de sodiu

INSTRUCȚIUNI:

a) Pentru a pregăti burta, amestecați bicarbonatul de sodiu cu o linguriță de sare și aplicați-l pe toată pielea, asigurându-vă că amestecul este distribuit uniform. Pune burta de porc pe un gratar la frigider, neacoperită, pentru cel puțin o oră, dar de preferat peste noapte și până la o zi.

b) Clătiți burta cu apă rece a doua zi și uscați. Tăiați în segmente de un inch cu o grosime de aproximativ ⅓ inch. Puneți toate segmentele de burtă într-un wok cu suficientă apă pentru a acoperi carnea. Reduceți-i căldura la o setare scăzută.

c) Reduceți încet grăsimea din burtă pe parcursul a două până la patru ore, în funcție de nivelul de umiditate al porcului dumneavoastră. Întoarceți bucățile de carne la fiecare jumătate de oră sau cam asa ceva. Reduceți-i căldura la minim. Apa va semăna mai întâi cu bulionul de porc, dar pe măsură ce trece timpul, apa se va evapora, lăsând doar grăsimea în tigaie.

d) Dați focul la mare și observați cu atenție bucățile de burtă în timp ce se prăjesc în untură până când în tigaie rămâne doar grăsime lichidă. Această etapă finală de prăjire ar trebui să dureze trei până la cinci minute.

e) Transferați chicharrones pe o farfurie tapetată cu prosoape de hârtie pentru a șterge excesul de grăsime cu o lingură cu fantă. Se amestecă cu sare și condimente la alegere. Chicharronele vor rămâne crocante mult timp.

16. Tort Yuca-Cocos

INGREDIENTE:
- 2 lbs. yuca proaspătă, curățată și rasă
- 4 uncii. brânză queso fresca, mărunțită
- 1 cană nucă de cocos proaspătă rasă
- ¾ cană zahăr
- ¾ cană lapte de cocos ușor
- 1 lingura de unt, topit
- 2 lingurite de anason, zdrobite
- 1 lingurita extract de vanilie
- Strop de sare
- Spray de gatit

INSTRUCȚIUNI:

a) La 350 de grade F, preîncălziți cuptorul și încălziți o tigaie din fontă de 10 inci timp de 10 minute.

b) Într-un bol de amestecare potrivit, amestecați primele nouă ingrediente. Pulverizați o tigaie pregătită cu spray de gătit și turnați amestecul de yuca în ea, netezindu-l uniform.

c) Coaceți aproape două ore până când prăjitura este ușor spongioasă când este stors și blatul este crocant. Pentru a slăbi tortul, treceți un cuțit în jurul tigaii.

d) Tăiați fiecare pană în opt bucăți. Incalziti vasul inainte de servire. Pune tortul la frigider acoperit ermetic timp de până la patru zile.

17. Patacones columbieni

INGREDIENTE:
- 3 pătlagini verzi
- 1 cană ulei
- ½ lingurita sare

INSTRUCȚIUNI:
a) Patlaginele verzi trebuie decojite și tăiate în felii groase de aproximativ 2 degete. Încinge uleiul în tigaie sau tigaie.
b) Adăugați pătlaginile tăiate în uleiul încins și gătiți aproximativ 10 minute, sau până când se rumenesc pe toate părțile.
c) Pentru a ajuta la scurgerea uleiului suplimentar din pătlagina prăjită, adăugați puțină hârtie de mână pe o hârtie. Așezați pătlaginele pe un platou tapetat după ce s-au terminat de gătit.
d) Apoi turtiți pătlaginile cu un zdrobitor de cartofi într-un disc și asezonați cu sare.
e) Utilizați o pataconera , care este o ustensilă unică folosită în Columbia pentru a aplatiza pătlaginile prăjite. Folosește o furculiță sau fundul unui castron de mică adâncime dacă nu ai o pataconera sau un zdrobitor de cartofi. Bucurați-vă.

18.Brânză columbiană-bile Arepa

INGREDIENTE:
- Ulei vegetal, pentru prajit
- 2 cesti faina de porumb prefiarta
- 2 căni de apă caldă
- 1 cană de brânză mozzarella măruntită
- ¼ cană parmezan ras
- Ciupiți de sare

INSTRUCȚIUNI:
a) Amestecați făina de porumb, apa călduță, brânza și sarea până se combină complet.
b) Permiteți o perioadă de odihnă de șapte minute. Frământați timp de trei minute cu mâinile, umezindu-le cu apă caldă pe măsură ce mergeți. Cu aluatul, faceți 24 de bile mici.
c) Într-o tigaie antiaderentă potrivită, încălziți uleiul la foc mediu și gătiți arepasul în două sau trei reprize, întorcându-le o dată, până se rumenesc, aproximativ trei minute pe fiecare parte. Folosind prosoape de hârtie, absorbi orice exces de lichid.

19. Empanadas cu pătlagină coaptă cu brânză

INGREDIENTE:
- 4 pătlagini foarte coapte
- 1 ou
- 2 linguri de unt
- 3 linguri de făină universală
- ½ linguriță extract de vanilie
- 1 lingura zahar
- 1 cană brânză mozzarella rasă
- Spray de ulei, pentru gătit

INSTRUCȚIUNI:

a) Patlaginele trebuie spalate si taiate in jumatate. Gătiți la foc mediu-mare, cu pielea, într-o cratiță potrivită cu apă, până când pătlaginile sunt fragede și fierte, aproximativ 10 minute. Pentru a face o combinație moale, curățați și zdrobiți pătlaginile fierte folosind o furculiță sau un zdrobitor de cartofi. Permiteți o perioadă de odihnă de 5 minute.

b) Se amestecă oul, untul, făina, extractul de vanilie și zahărul până când se combină bine. Formați o bilă din aluatul pregătit și lăsați-l deoparte să se odihnească timp de 20 de minute la temperatura camerei. Formați 12 bile din aluatul de pătlagină și aplatizați fiecare cu palma pentru a obține un disc.

c) Așezați brânza în centru, îndoiți-o în jumătate și apăsați pentru a închide marginile cu degetele sau cu o furculiță pentru a ajuta la etanșarea marginilor, astfel încât brânza să nu se topească. Pe o tavă de copt, stropiți ulei sau înfășurați cu hârtie ceară. La 400 de grade F, preîncălziți cuptorul.

d) Așezați empanadas pregătite pe tava de copt și coaceți aproximativ 15 minute, apoi întoarceți-le și coaceți încă 15 minute, sau până se rumenesc. Se încălzește înainte de servire.

20.Crochete de pui

INGREDIENTE:
- 1 ½ kg piept de pui dezosat
- 5 căni supă de pui
- 1 morcov, tăiat la jumătate
- 2 cepe medii
- 2 foi de dafin
- 8 oz. crema de branza, moale
- 1 lime, suc
- 2 catei de usturoi
- 2 linguri de unt
- Sarat la gust
- Piper, după gust
- 3 ½ căni de făină universală
- 2 ouă mari
- 3 cani de pesmet fin
- Ulei vegetal pentru prajit

INSTRUCȚIUNI:

a) Adăugați puiul, bulionul, morcovul, ceapa și foile de dafin într-o tigaie și gătiți timp de 20 de minute. Se strecoară și se păstrează separat puiul și bulionul. Se taie puiul și se amestecă cu cremă de brânză într-un bol.

b) Căleți ceapa și usturoiul cu două linguri de unt într-o tigaie timp de cinci minute. Adăugați trei și jumătate de cană de bulion și fierbeți până la fierbere.

c) Apoi, adăugați trei și jumătate de căni de făină și amestecați bine timp de trei minute până când obțineți un aluat neted.

d) Lăsați aluatul pregătit să se răcească. Luați o jumătate de linguriță de aluat de făină în mână, rulați-o într-o bilă și apoi apăsați peste palmă.

e) Adăugați două lingurițe de umplutură de pui în centru și rulați din nou aluatul pregătit într-o bilă. Repetați aceiași pași cu aluatul și umplutura rămase.

f) Bateți ouăle într-un bol și amestecați pesmetul cu piper negru și sare pe o farfurie. Puneți o tigaie adâncă cu ulei la foc mediu și lăsați-o să se încălzească la 350 de grade F.

g) Înmuiați fiecare bilă de aluat în ouă, apoi acoperiți cu pesmet și prăjiți timp de cinci minute până când devine auriu. Servi.

21.Nachos columbian cu pătlagină

INGREDIENTE:

- 3 pătlagini verzi
- Ulei vegetal, pentru prajit
- 1 cană brânză cheddar, mărunțită
- 1 cană de brânză Monterey Jack, mărunțită
- ¼ cană ceapă primăvară, tocată
- ¼ cană roșii tăiate cubulețe
- ¼ cană măsline kalamata feliate
- ¼ coriandru proaspăt, tocat
- Guacamole, pentru servire

INSTRUCȚIUNI:

a) Curățați pătlaginele și tăiați-le felii subțiri folosind un cuțit ascuțit ; cu cât este mai subțire, cu atât mai bine. Turnați suficient ulei vegetal într-o tigaie potrivită pentru a acoperi complet chipsurile de pătlagină.

b) Prăjiți pătlaginile pregătite în uleiul încins până devin aurii pe ambele părți, răsturnând din când în când. Pentru a absorbi excesul de ulei, se scurge pe un prosop de hârtie.

c) Se condimentează cu piper negru și sare după gust, apoi se transferă pe un platou. Pentru a face nachos, începeți prin a le asambla după cum urmează: Pe fundul unei tăvi pentru cuptor, întindeți un singur strat de chipsuri de pătlagină. Acoperiți cu un amestec de cheddar și brânzeturi Monterey Jack.

d) Deasupra brânză, împrăștiați ceapa de primăvară tăiată cubulețe. Pentru a face mai multe straturi, repetați cu chipsurile de pătlagină rămase, brânză și ceapă. Preîncălziți cuptorul la 350 de grade Fahrenheit.

e) Coaceți aproape 10 minute, sau până când brânza este complet topită. Scoateți tava din cuptor și acoperiți cu roșii tăiate cubulețe, măsline și coriandru. Guacamole se servește pe lângă. Bucurați-vă!

22. Mini Arepa Pizza

INGREDIENTE:
- 1 cană de apă caldă
- 1 cană făină de porumb albă prefiartă
- 1 cană de brânză mozzarella mărunțită
- 1 lingura de unt
- ½ linguriță sare, sau după gust
- Spray de gatit
- Toppinguri
- ½ cană sos de pizza
- 1 ceapă, tăiată juliană
- 2 ardei verzi dulci, taiati julienne
- 1 cană de pui prăjit, mărunțit
- 1 cană Mozzarella, mărunțită
- 4 linguri coriandru proaspăt, mărunțit

INSTRUCȚIUNI:

a) Într-un bol de amestecare potrivit, combinați apa, făina de porumb, brânza mozzarella, untul și sarea. Frământați până când aluatul pregătit este bine combinat și are o consistență moale. Formați bile de mărime medie portocalie și puneți-le în sandwich între două foi de folie de plastic.

b) Se rulează la grosimea corespunzătoare cu un sucitor. Tăiați aluatul în cercuri prin folie de plastic folosind un vas de cereale sau un pahar de băut. Scoateți folia de plastic din aluatul pregătit și aruncați-l. Încălzește o grătar la mediu-mare pulverizându-l cu spray de gătit.

c) Arepa la grătar aproximativ cinci minute pe fiecare parte sau până când devin maro auriu. Împărțiți toppingurile peste arepas și puneți-le la grătar timp de cinci minute. Serviți imediat.

23. Gogoși cu cartofi

INGREDIENTE:
- 1,4 oz. unt nesarat
- 12 oz. cartofi, curatati si taiati cubulete
- 12 ½ oz. făină universală
- 2 lingurite praf de copt
- 1 lingurita sare
- ½ lingurita de bicarbonat de sodiu
- ½ lingurita de nucsoara macinata
- 4,6 oz. zahăr
- 2 ouă mari
- 2 oz. tot laptele
- 2 oz. zară de cultură cu conținut scăzut de grăsimi, bine agitată
- 1 ½ linguriță extract de vanilie
- Zahăr pudră sau zahăr de scorțișoară, pentru pudrat
- 2 litri de ulei de cocos rafinat

INSTRUCȚIUNI:
a) Pune cartofii într-o cratiță de 3 litri cu 1 litru de apă rece, cât să îi acopere. Se fierbe la foc mare, apoi se reduce la foc mic pentru a menține sosul la foc mic. Gatiti aproximativ 10 minute pana cartofii sunt moi.
b) Scurgeți cartofii într-o strecurătoare, apoi clătiți timp de 30 de secunde sub jet de apă fierbinte pentru a elimina excesul de amidon. Întoarceți cartofii scurți în cratiță, care acum este goală.
c) Gatiti, agitand cratita continuu pana cand umezeala de la suprafata de la cartofi s-a evaporat, aproximativ un minut.
d) Treceți cartofii printr-o moară sau o moară și întindeți-i uniform pe o tavă de copt cu margine pentru a se răci ușor. Se amestecă restul ingredientelor pentru aluat, apoi se amestecă bine. Frământați acest aluat și întindeți-l în foaie de ½ inch grosime.
e) Tăiați rondele de trei centimetri din aluat și tăiați o gaură în centrul gogoșilor. Așezați gogoșile pregătite pe o foaie de copt unsă și acoperiți-le lejer cu o foaie de plastic.
f) Lasă aceste gogoși timp de o oră să crească.
g) Adăugați ulei într-o tigaie de frituză și încălziți la 350 de grade F. Prăjiți gogoșile până se rumenesc. Transferați gogoșile de cartofi prăjiți pe o farfurie tapetată cu un prosop de hârtie. Servi.

24. Aborrajados

INGREDIENTE:
- 2 pătlagini coapte, negre și galbene
- ½ cană brânză rasă
- 2 ouă mari
- 4 linguri de făină universală
- 2 linguri de zahar
- ½ lingurita de bicarbonat de sodiu
- ½ lingurita sare
- 1 până la 2 linguri de lapte
- 6 cani de ulei vegetal, pentru prajit

INSTRUCȚIUNI:
a) Preîncălziți uleiul la 360 de grade Fahrenheit. Îndepărtați capetele pătlaginelor și apoi tăiați-le pe lungime prin piele de câteva ori pentru a ajuta la îndepărtarea acesteia. Patlaginele trebuie tăiate în cruce în bucăți groase de o jumătate de inch .
b) Gatiti aproape patru minute in ulei pana se rumenesc.
c) Pe prosoape de hârtie, scurgeți bucățile de pătlagină. Așezați fiecare felie de pătlagină între două bucăți de hârtie cerată când este suficient de rece pentru a fi manipulată și aplatizați-le cu fundul plat al unui pahar la aproximativ ¼ inch grosime. Puneți una până la două linguri de brânză rasă, prinsă între două felii de pătlagină, presate împreună pe margini pentru a sigila brânza.
d) Repetați cu restul feliilor de pătlagină. Combinați făina, zahărul, bicarbonatul de sodiu și sarea într-un castron. Într-un bol de amestecare potrivit, amestecați ouăle și suficient lapte pentru a obține un aluat gros. Se amestecă până când totul este complet combinat . Ungeți „sandvișurile" cu pătlagină în aluat, apoi puneți-le înapoi în ulei în reprize pentru a se prăji până se rumenesc.
e) Folosind prosoape de hârtie, absorbiți excesul de lichid și serviți cald.

SALAȚE ȘI GARNURI

25.Salată columbiană de varză verde

INGREDIENTE:
- 4 linguri otet alb
- Suc de 2-3 lime
- 1 lingurita zahar granulat alb
- Un praf de chimen
- Sare si piper negru, dupa gust
- ½ cap de varză verde, mărunțită
- 2-3 roșii medii, feliate
- ½ morcov mediu, tocat
- ¼ cană coriandru, tocat

INSTRUCȚIUNI:

a) Pentru a pregăti dressingul, amestecați primele cinci ingrediente într-un vas mic. Începeți cu sucul a două lime și apoi adăugați sucul unui al treilea lime dacă doriți o aromă mai mare de lime.

b) Aruncați varza, roșiile, morcovul și coriandru într-un vas de amestecare potrivit.

c) Mai puneți dressingul pentru a vă asigura că toate ingredientele sunt acoperite corespunzător.

d) Dați salata la frigider timp de 30-60 de minute înainte de servire, acoperită cu folie de plastic.

26.Salată columbiană

INGREDIENTE:
- 8 oz. baby spanac și kale
- 1 cană salsa
- 1 ceapa rosie, taiata felii
- 1 pachet roșii dulci, clătite
- 1 cană brânză feta

INSTRUCȚIUNI:
a) Într-un castron de salată, combinați jumătate din spanac și kale.
b) Stropiți salsa peste salată, dar nu o amestecați.
c) Salata trebuie acoperită cu felii de ceapă roșie, roșii feliate și brânză feta. Aruncați verdețurile rămase în dressing pentru a se acoperi. Se asezoneaza dupa gust cu sare si piper.

27.Salată de cartofi columbian

INGREDIENTE:
- 2 lbs. cartofi rosii, fierti, curatati si taiati cubulete
- 3 morcovi mari, decojiti, taiati cubulete
- ½ cana ceapa rosie tocata
- ½ cană coriandru tocat
- 3 roșii mari, tăiate cubulețe

ÎMBRACȚIE
- ⅓ cană oțet de vin
- 1 lingura ulei
- 1 lingurita sare de condimente
- 1 lingurita zahar
- ¼ lingurita piper negru

INSTRUCȚIUNI:
a) Într-un bol de amestecare potrivit, combinați cuburile de cartofi, bucățile de morcov, ceapa tocată și coriandru.
b) Se amestecă bine ingredientele pentru dressing într-un castron mic și se toarnă peste componentele salatei.
c) Se amestecă ușor bucățile de roșii cu restul de salată.
d) Lăsați aromele să se topească în frigider.

28.Salată columbiană de morcovi și sfeclă marinați

INGREDIENTE:
- 4 sfeclă medie
- Sarat la gust
- 4 morcovi medii, decojiti si feliati
- 1 cană boabe de porumb
- ½ cană inimioare de palmier, conservate, feliate
- ½ ceapă albă mică, tăiată felii
- 3 linguri patrunjel proaspat tocat
- 2 linguri ulei de masline
- 3 linguri de otet alb distilat
- 1 lime, suc
- ¼ linguriță de chimen măcinat
- ¼ lingurita piper negru

INSTRUCȚIUNI:

a) Într-o cratiță potrivită, puneți sfecla, acoperiți cu apă și asezonați cu sare, dacă doriți.
b) Acoperiți și gătiți la fierbere la foc mare, apoi reduceți focul și fierbeți aproape 15-30 de minute, sau până când legumele sunt fierte.
c) Se scurge si se da deoparte la racit. Între timp, acoperiți morcovii cu apă într-o a doua oală medie. Acoperiți și gătiți la fierbere la foc mare, apoi coborâți la foc mic și continuați să gătiți timp de aproape 15 minute. Se scurge si se da deoparte la racit.
d) Curățați și feliați sfecla și apoi amestecați cu celelalte ingrediente.

29.Salată de linte, rucola, mango și quinoa

INGREDIENTE:

- 1 cană quinoa fiartă
- 1 cană de linte fiartă
- 6 cesti frunze de rucola
- 1 mango mare decojit și tăiat cubulețe
- 1 avocado decojit și tăiat cubulețe
- ½ ceapă roșie feliată
- ½ castravete englezesc tăiat cubulețe
- Sare si piper negru, dupa gust

ÎMBRACȚIE

- 1 lingurita otet alb
- 1 lingura suc de lamaie
- 3 linguri suc de lamaie
- 4 linguri ulei de masline
- ¼ linguriță de chimen măcinat
- ¼ cană coriandru tocat
- Sare si piper negru, dupa gust

INSTRUCȚIUNI:

a) Amestecați quinoa cu ingredientele rămase după ce s-a răcit. Gustați și asezonați cu sare suplimentară dacă este necesar.
b) Combinați toate ingredientele pentru dressing într-un castron mic și amestecați cu salata.
c) Se amestecă cu o furculiță și se servește la temperatura camerei sau rece.

30.Salată de avocado și roșii

INGREDIENTE:
SALATĂ
- 2 roșii mari coapte, felii de căpușă de ¼ inch
- ½ ceapă roșie mică, tăiată felii
- 1 castravete englezesc, feliat
- 2 avocado mici, tăiate cubulețe

ÎMBRACȚIE
- 2 lime
- 3 linguri de otet alb
- 1 lingura ulei de masline
- Sare si piper negru, dupa gust
- 2 linguri coriandru proaspăt tocat

INSTRUCȚIUNI:

a) Bateți uleiul de măsline, oțetul, piperul, sarea, sucul de lămâie și coriandru într-un castron mic, apoi lăsați deoparte.

b) Așezați jumătate din feliile de roșii pe un platou potrivit, deasupra cu jumătate din ceapă, jumătate din feliile de castraveți și jumătate din feliile de avocado și repetați pentru a crea un al doilea strat deasupra. Serviți cu un strop de dressing.

31. Salată de roșii și inimi de palmier

INGREDIENTE:
- 2 conserve (14 oz.) de inimi de palmier, scurse și tăiate felii
- 1 roșie medie, tocată
- ½ ceapă mică, tăiată felii
- 2 cepe primavara, tocate
- 3 linguri ulei de masline
- 2 lingurite suc proaspat de lamaie
- ¼ lingurita sare
- 1 praf de piper negru

INSTRUCȚIUNI:
a) Amestecă inimile de palmier cu restul ingredientelor într-un bol de salată. Servi.

32.Salată de roșii columbiană

INGREDIENTE:
- 5 roșii, tăiate cubulețe
- ½ castravete englezesc, tăiat în sferturi și feliat
- 1 ardei gras rosu, fara samburi si taiat cubulete
- ½ cană ceapă, tăiată cubulețe
- ½ cană pătrunjel proaspăt, tocat
- ¼ cană suc de lămâie
- ¼ cană ulei de măsline
- ¼ cană ceapă verde, tăiată cubulețe
- ¼ cană coriandru proaspăt, tocat
- 2 linguri otet de cidru
- Sare si piper negru, dupa gust

INSTRUCȚIUNI:
a) Aruncați roșiile cu restul ingredientelor într-un castron de salată.
b) Servi.

33. Salată de quinoa, creveți și chimichurri

INGREDIENTE:
- 1 lingura ulei de masline
- 2 cani de quinoa
- 4 căni de apă
- Sarat la gust
- 2 cani de rosii struguri, taiate in patru
- 1 lb. creveți fierți
- Sare si piper negru, dupa gust
- ½ cană de sos chimichurri

INSTRUCȚIUNI:
a) Într-o sită fină se spală quinoa. Aduceți apa, sarea și quinoa la fiert într-o oală potrivită. Reduceți căldura la minim și continuați să gătiți timp de aproximativ 20 de minute sau până când toată apa a fost absorbită.
b) Combinați toate ingredientele rețetei de salată într-un castron potrivit și lăsați deoparte. Serviți amestecând quinoa fiartă cu ingredientele rămase.

SUPE ȘI TOCHINE

34. Supă columbiană de ouă și lapte

INGREDIENTE:
- 4 cani de lapte
- 2 căni de apă
- 4 ouă
- ½ cană coriandru proaspăt tocat
- 3 ceai tăiați
- Sare si piper, dupa gust
- Pâine cu unt, de servit

INSTRUCȚIUNI:
a) Într-o oală potrivită, aduceți laptele și apa la fiert.
b) Gatiti trei minute cu ceapa, sare si piper.
c) Reduceți căldura la mediu și spargeți cu grijă ouăle în tigaie.
d) Lăsați trei minute să se gătească ouăle înainte de a adăuga coriandru. Se serveste cald, cu paine in lateral si coriandru proaspat deasupra.

35.Sopa De Lentejas Con Carne

INGREDIENTE:
- 1 cană de sos aliños
- 2 morcovi mari, curatati si taiati cubulete
- Sare si piper negru dupa gust
- 1 kg carne de vită, tăiată cubulețe
- ½ lb. de linte, culeasă și clătită
- 8 căni de supă de vită
- ½ linguriță achiote măcinat sau colorant
- 1 lingurita chimen macinat
- 3 cartofi albi medii, decojiti si taiati cubulete
- ¼ cană coriandru proaspăt tocat

INSTRUCȚIUNI:

a) Amestecați într-o oală sosul alios, morcovii, carnea, lintea, bulionul, achiotul și chimenul.

b) Gatiti amestecul la fierbere pe plita la foc mare.

c) Reduceți căldura la minim, acoperiți și fierbeți timp de 35 până la 40 de minute sau până când carnea și lintea sunt fierte. Dacă este necesar, adăugați mai multă apă. Aruncați cartofii.

d) Gatiti aproape 25-30 de minute, sau pana cand cartofii sunt fierti. Se condimenteaza cu sare dupa gust dupa ce adaugi coriandru tocat. Serviți alături de orez alb.

36. Sopa De Patacones

INGREDIENTE:
- 8 cesti supa de vita
- 1 lingura ulei de canola
- 1 cană ceapă tăiată cubulețe
- 3 catei de usturoi, tocati
- 3 ceai, tocat
- ½ cană ardei gras roșu, tăiat cubulețe
- Sare si piper, dupa gust
- ½ linguriță de chimen măcinat
- ¼ de linguriță de achiot măcinat
- 12 patacone fierte pătlagini verzi prăjite
- ¼ coriandru proaspăt, pentru ornat

INSTRUCȚIUNI:
a) Într-o oală potrivită, încălziți uleiul la foc mediu și adăugați ceapa, usturoiul, ceapa, ardeiul gras, chimenul și achiote . Gatiti cinci minute, amestecand des.
b) Gătiți bulionul de vită până la fiert în aceeași oală. Reduceți căldura la mediu-mică și continuați să gătiți încă 20 de minute.
c) Adăugați patacone și fierbeți aproximativ 10-15 minute la foc mic, amestecând din când în când pentru a nu sparge pataconele .
d) Se serveste incalzit cu o garnitura de coriandru.

37. Sancocho De Gallina

INGREDIENTE:
- 3 spice de porumb proaspete, tăiate în 3 bucăți
- 12 căni de apă
- ½ cană aliños
- 1 pui mare întreg
- 1 lingurita sare
- 2 pătlagini verzi, decojite și tăiate felii
- 2 cuburi de bulion de pui
- 6 cartofi albi medii, decojiti si taiati in jumatate
- 1 lb. yuca congelată , tăiată cubulețe
- ¼ cană coriandru proaspăt tocat
- ¼ lingurita piper negru

INSTRUCȚIUNI:
a) Puneți puiul, porumbul, alios , bulionul de pui, sarea și pătlagina verde într-o oală potrivită.
b) Aduceți apa la fiert, apoi reduceți focul la mediu și fierbeți timp de 30 până la 35 de minute, acoperit.
c) Fierbeți încă 30 de minute până când yuca și cartofii sunt moi, adăugând cartofii, yuca și ardeiul după cum este necesar. Adăugați coriandru și amestecați bine. Se condimenteaza cu sare si piper dupa gust.
d) Servește puiul și legumele în boluri mari cu supă, împărțind uniform puiul și legumele.

38. Mondongo Colombiano

INGREDIENTE:
- 1 lb. de tripa de vita mondongo , taiata cubulete
- Suc de 1 lime
- ¼ lingurita de bicarbonat de sodiu
- 1 ½ lb. carne de porc, tăiată cubulețe
- 3 chorizos columbieni, feliate
- 1 rosie, tocata
- 2 ceai, tocat
- ¼ cană ceapă albă, tocată
- 4 cartofi mici, tăiați cubulețe
- 1 lb. yuca , tăiată cubulețe
- Sare si piper, dupa gust
- ½ linguriță de chimen măcinat
- ¼ lingurita achiote
- ⅓ cană coriandru proaspăt
- 1 catel de usturoi tocat

INSTRUCȚIUNI:
a) Trippa trebuie spalata in apa calduta si frecata cu suc de lamaie . Amestecați bicarbonatul de sodiu, tripa și suficientă apă pentru a acoperi tripa cu doi centimetri într-o oală potrivită.
b) Gătiți până la fierbere, apoi reduceți la foc mic și gătiți timp de două ore. Scurgeți apa din tripă și aruncați-o.
c) Gătiți tripa, carnea de porc, chorizos, roșii, ceapă, ceapa, usturoi, chimen și achiote într-o cratiță potrivită. Gatiti pana la fierbere, apoi reduceti la foc mic si continuati sa gatiti in mod constant.
d) Timp de aproximativ 45 de minute. Combinați yuca , coriandru și cartofii într-un bol de amestecare potrivit. Gatiti inca 30 de minute.
e) Pentru a servi, turnați amestecul în boluri și acoperiți cu coriandru proaspăt și felii de lime. Serviți cu orez alb, avocado, banană și o parte de sos iute (aj).

39.Supă de chifteluță și orez

INGREDIENTE:
CHIFTELE
- 1 kg de carne de vită tocată
- ½ lb. carne de porc măcinată
- ¼ linguriță de usturoi pudră
- ½ lingurita praf de ceapa
- ½ linguriță de chimen măcinat
- 2 oua batute
- ½ cană de masarepa sau făină de porumb similară
- ½ cană apă caldă
- Sarat la gust

SUPĂ
- ½ cană ceapă tocată
- 2 catei de usturoi tocati
- 1 ceapa tocata
- 2 rosii medii tocate
- ½ cană coriandru tocat
- 2 linguri ulei
- 8 căni de apă
- 1 tabletă de bulion de vită
- ½ linguriță de chimen măcinat
- ½ cană de fasole verde
- ½ cană de mazăre
- ½ cana morcovi tocati
- ½ cană de orez
- ½ linguriță achiote colorat sau sazon goya cu azafrin
- Coriandru proaspăt, pentru garnitură
- Avocado, pentru servire

INSTRUCȚIUNI:
a) Pentru a face guiso, încălziți uleiul într-o cratiță potrivită la foc mediu.
b) Gatiti aproximativ cinci minute cu ceapa inainte de a adauga restul ingredientelor si gatiti aproximativ 10 minute, amestecand din cand in cand. Scoateți din ecuație. Preîncălziți o oală la mediu-mare.

c) Combinați apa, bulionul de vită, chimenul măcinat, guiso și achiote într-un bol de amestecare adecvat. Pentru a amesteca, amestecați totul. Reduceți căldura la minim și continuați să gătiți încă 15 minute. Faceți chiftelele în timp ce bulionul se fierbe:
d) Combinați toate ingredientele pentru chifteluțe într-un bol de amestecare adecvat și amestecați bine cu mâinile până se încorporează bine.
e) Cu ajutorul mâinilor, împărțiți amestecul de carne în 12 cantități egale și formați bile. Pune chiftele pe o farfurie și pune-le deoparte. Într-un bol de amestecare potrivit, combinați chiftelele cu bulionul.
f) Fierbeți timp de 20 de minute înainte de a adăuga orezul și legumele și continuați să fierbeți încă 20 de minute.
g) Adăugați coriandru proaspăt și serviți cu felii de avocado deasupra. Servi.

40.Supă columbiană de orz și porc

INGREDIENTE:
- 1 ½ lb. coaste de porc sau oase de porc
- 10 căni de apă
- ½ cană de orz înmuiat
- 2 cartofi galbeni medii, curatati de coaja si taiati cubulete
- 2 cartofi rosii, curatati si taiati cubulete
- ½ cană ceapă tocată
- 3 catei de usturoi
- 2 ceai, tocat
- ¼ cană ardei gras roșu, tăiat cubulețe
- 1 lingurita chimen macinat
- ½ cană coriandru proaspăt tocat
- ½ lingurita sazon goya cu achiote
- 1 tabletă de bulion de vită
- 2 căni de varză măruntită
- ½ cană de mazăre
- ½ cană morcovi tăiați cubulețe
- Sare si piper, dupa gust

INSTRUCȚIUNI:

a) Într-un robot de bucătărie potrivit, combinați ceapa, usturoiul, ceapa și ardeiul gras roșu. Preîncălziți o oală la mediu-mare.

b) Gatiti pana la fiert apa, bulionul de vita, orzul si coastele de porc. Reduceți-i căldura la o setare scăzută. Adăugați amestecul de ceapă, asezonați cu sare și piper și gătiți timp de 50 de minute.

c) Se acoperă și se fierbe încă 25 de minute, sau până când carnea este gata, adăugând cartofii, varza, mazărea, morcovii, Sazon Goya și chimenul măcinat.

d) Serviți cu coriandru deasupra.

41.Supă de linte în stil columbian

INGREDIENTE:
- 1 lingurita ulei vegetal
- 1 cană chorizo feliat
- ½ cană ceapă tocată
- 1 catel de usturoi tocat
- ½ cană de ceață tocată
- ½ ceasca rosii tocate
- 5 căni de apă
- 1 ½ cană linte uscată
- ½ lingurita sare
- ½ lingurita piper
- ½ cană morcovi rasi
- ½ cană de cartof tăiați în bucăți mici

CREMA DE CORIANTRO
- ½ linguriță de chimen pudră
- ½ cană smântână groasă
- 3 linguri coriandru proaspăt tocat
- 1 lingură suc proaspăt de lămâie

INSTRUCȚIUNI:

a) Într-o oală potrivită, la foc mediu, gătiți chorizo-ul în ulei timp de aproximativ cinci minute, amestecând regulat.

b) Transferați chorizo-ul într-un vas tapetat cu prosoape de hârtie folosind o lingură cu fantă. Se condimentează cu sare și piper, apoi se adaugă morcovii, ceapa, usturoiul, roșiile și ceaiul verde în cratiță.

c) Gatiti 12 minute, amestecand periodic. Gatiti inca un minut dupa adaugarea chimenului.

d) Aduceți lintea, apa și sarea la fiert. Reduceți căldura la mediu-scăzut, acoperiți și fierbeți timp de 45 de minute sau până când lintea este fiartă, dar nu moale.

e) Gătiți timp de aproape 15 până la 20 de minute, sau până când cartofii sunt complet fierți și fragezi în furculiță, până când chorizo-ul și cartofii sunt complet fierți și fragezi în furculiță. Se subțiază cu apă, dacă este necesar.

f) Serviți imediat după ce ați pus o oală în boluri cu supă și acoperiți cu smântână, dacă doriți.

42.Tocană cu fructe de mare

INGREDIENTE:
- 1 lingura de unt
- 1 lingura ulei de masline
- ½ cană de ardei verde tocat
- ½ cană ardei gras roșu tocat
- 1 cană ceapă tocată
- 2 catei de usturoi proaspeti tocati
- 1 cană morcov ras
- 1 tabletă bulion de pește
- ½ lingurita boia
- 4 căni de smântână groasă
- 1 cutie (13,5 oz) lapte de cocos
- ⅓ cană de vin alb
- 2 lbs. creveți jumbo, decojiți și devenați
- 12 scoici cu gâtul mic spălate
- 2 lbs. Pește-spadă tăiat în bucăți de 1 inch
- 1 lingură coriandru proaspăt tocat
- 1 lingura patrunjel proaspat tocat
- 1 lingura pasta de rosii

INSTRUCȚIUNI:
a) Se încălzește untul și uleiul într-o cratiță potrivită la foc mediu.
b) Gătiți, întorcând din când în când, până când ceapa, ardeiul roșu, usturoiul, ardeiul verde și morcovii sunt moi și transparente, aproximativ 10 minute. Asezonați cu sare și piper. Gatiti pana la fiert smantana, bulionul de peste si laptele de cocos.
c) Adăugați fructele de mare, acoperiți și gătiți aproximativ două minute sau până când scoicile se deschid. Scoateți-l de pe foc și aruncați cojile nedeschise. Se fierbe timp de 20 de minute după ce adaugă vinul și pasta de roșii.
d) Se serveste fierbinte, ornata cu coriandru proaspat si patrunjel.

43.Sancocho cu trei carne

INGREDIENTE:
- 8 bucati de pui
- 1 cana ceapa tocata
- 1 ardei gras rosu, taiat cubulete
- 4 catei de usturoi, tocati
- 1 lingurita chimen macinat
- ¼ de linguriță de achiot măcinat
- 3 spice de porumb proaspăt tăiate în 3 bucăți
- 12 căni de apă
- 1 kg de carne de porc
- 1 kg de carne de vită, tăiată în bucăți
- 2 pătlagini verzi, decojite și tăiate felii
- 4 cartofi albi medii curățați și tăiați la jumătate
- 1 lb. yuca proaspătă, tăiată cubulețe
- ¼ cană coriandru proaspăt tocat
- ¼ lingurita de piper macinat
- 1 lingurita sare

INSTRUCȚIUNI:

a) Într-un blender, combinați ceapa, ardeiul, usturoiul și chimenul cu 12 căni de apă. Puneți carnea, carnea de porc, puiul, porumbul, combinația de ceapă, sarea și pătlagina verde într-o oală potrivită.

b) Fierbeți apa până la fiert, apoi acoperiți și reduceți la foc mediu pentru a găti timp de 45 de minute.

c) Combinați cartofii și yuca într-un bol de amestecare potrivit. Gatiti aproape 30 de minute sau pana cand legumele sunt fragede. Adăugați coriandru și amestecați bine. Se condimenteaza cu sare si piper dupa gust.

d) Serviți în boluri mari cu supă, distribuind în mod egal carnea, puiul și legumele.

44. Supă columbiană Ahuyama

INGREDIENTE:
- 2 linguri de unt
- 1 ceapa, tocata
- 2 catei de usturoi, tocati
- ½ linguriță pudră de curry
- ¼ de linguriță fulgi de ardei roșu
- 4 ½ litri de supă de pui
- 2 ½ lbs. dovleac, decojit și tăiat cubulețe
- ¼ lingurita de nucsoara macinata
- 1 lingurita sos Worcestershire
- 1 lingura unt de arahide cremos
- ½ cană smântână ușoară
- ¼ cană pătrunjel proaspăt tocat

INSTRUCȚIUNI:
a) Într-o oală potrivită, la foc mediu, topim untul. Combinați ceapa, usturoiul, pudra de curry și fulgii de ardei roșu într-un bol de amestecare potrivit.
b) Gatiti aproape cinci pana la opt minute pana ce ceapa este transparenta. Într-un bol de amestecare potrivit, combinați amestecul de ceapă, supa de pui și dovleceii.
c) Fierbeți supa timp de 20 de minute la foc mediu sau până când dovleceii sunt moale când sunt străpunși cu o furculiță. Amestecați nucșoara, sosul Worcestershire și untul de arahide după ce ați oprit focul.
d) Amestecați sau procesați amestecul în loturi într-un blender sau robot de bucătărie până la omogenizare, adăugând treptat smântâna.
e) Se serveste cu patrunjel deasupra.

45.Tocană columbiană de pui cu porumb și cartofi

INGREDIENTE:
- 2 linguri ulei de masline
- 1 ceapă galbenă mare, tăiată cubulețe
- 4 - 5 catei de usturoi, tocati
- 1 lingura sare
- 1 lingura piper negru
- 4 căni de supă de pui
- 1 ½ cană apă
- 2 lbs. cartofi amestecați Idaho, tăiați cubulețe
- 3 spice de porumb proaspăt, tăiate în sferturi
- 1 buchet de coriandru, cu tulpinile tocate
- 1 legătură de ceapă primăvară, tăiată cubulețe
- 2 linguri guascas uscate sau oregano uscat
- 3 lbs. din piept de pui dezosat

GARNITURĂ
- Felii de avocado
- Cremă mexicană sau smântână
- Capere
- felii de lime
- Coriandru

INSTRUCȚIUNI:

a) Adăugați uleiul de măsline la funcția de sote de pe Instant Pot. Combinați ceapa și usturoiul într-un bol de amestecare. Gatiti aproape 5 minute pana ce ceapa este fragedă. Eliminați opțiunea de sote din meniu.

b) Adauga supa de pui, apa, cartofi, porumb, guascas sau oregano, coriandru, ceapa primavara, sare si piper dupa gust, precum si pieptul de pui.

c) Rotiți supapa la etanșare și închideți capacul. Porniți setarea pentru supă și lăsați-o să fiarbă timp de 30 de minute.

d) Permiteți depresurizarea odată ce gătirea este finalizată . Pentru a termina depresurizarea, comutați supapa la ventilare și deschideți cu grijă Instant Pot.

e) Scoateți pieptul de pui și tăiați-l cu două furculițe înainte de a-l întoarce în tocană și de a-l amesteca ușor.

f) Serviți cu felii de avocado, coriandru proaspăt, felii de lime, capere și smântână.

46.Supă De Pui și Nucă De Cocos

INGREDIENTE:
- 4 linguri de unt
- ½ cană ceapă, tocată
- 1 ardei gras rosu mic, taiat cubulete
- 2 ceai, tăiați cubulețe
- 1 morcov mare, decojit și tăiat julien
- ¼ linguriță de chimen, măcinat
- ¼ lingurita achiote , macinata
- 2 cartofi galbeni mari, curatati si taiati cubulete
- 4 căni de supă de pui
- 2 piepti mari de pui, taiati cubulete
- 2 linguri pasta de rosii
- Se taie 2 spice de porumb
- 2 căni de lapte de cocos
- ½ cană de smântână groasă
- 1 cană de mazăre
- Sare si piper, dupa gust
- Coriandru proaspăt tocat, pentru servire

INSTRUCȚIUNI:

a) Topiți untul într-o oală potrivită la foc mediu. Combinați ceapa, ardeiul gras roșu, ceapa verde, morcovii, chimenul și achiotul într-un bol de amestecare potrivit.

b) Gatiti aproape 5 minute pana sunt fragezi. Creșteți căldura la mediu-mare și aduceți cartofii, pieptul de pui, pasta de roșii și supa la fierbere. Reduceți căldura la scăzut și gătiți, parțial acoperit, timp de 20 până la 30 de minute sau până când cartofii sunt moi. Gatiti la foc mic timp de aproape 10 minute dupa ce ati adaugat porumbul si laptele de cocos.

c) Gatiti inca cinci minute dupa ce ati adaugat smantana si mazarea. Se asezoneaza dupa gust cu sare si piper.

d) Se ornează cu coriandru proaspăt.

47. Sancocho de pui columbian

INGREDIENTE:
- 1 ½ linguriță ulei de măsline
- 6 ceai, tocat
- 1 roșie medie, tocată
- 4 catei de usturoi, tocati
- 6 pulpe de pui fără piele pe os
- 1 cană frunze și tulpini de coriandru tocate
- 3 cartofi roșii medii, curățați și tăiați
- 10 oz. yucca congelată, 4 bucăți
- 3 spice de porumb, tăiate în jumătate
- ½ pătlagină verde medie, decojită și tocată
- 1 lingurita chimen
- 2 cuburi de bulion de pui

INSTRUCȚIUNI:
a) Se calesc ceapa si usturoiul in ulei intr-o oala potrivita. Se caleste inca un minut dupa ce adaugi rosiile. Se condimentează cu sare și se adaugă bucățile de pui.
b) După câteva minute de gătit, adăugați în oală yucca și pătlagină și opt căni de apă. Acoperiți cratita cu bulion de pui, chimen și jumătate din coriandru.
c) Se fierbe aproximativ 40 de minute la foc mic. După 40 de minute, gustați și potriviți sarea, apoi adăugați cartofii și fierbeți încă 15 minute.
d) Gatiti aproape sapte minute sau pana cand porumbul este complet fiert. Serviți în boluri mari cu coriandru deasupra.

FELURI PRINCIPALE

48.Carne de porc umplută în stil columbian

INGREDIENTE:
- 2 lbs. piei de porc fatback
- ¼ cană grăsime sau untură de porc
- 4 cepți tocați
- 4 catei de usturoi tocati
- 1 lingurita chimen macinat
- 1 lingurita sazon cu azafran
- ¾ cană de mazăre
- 1 ¼ cană de orez alb fiert
- Sare si piper, dupa gust
- 2 lbs. lb. carne de porc, tăiată în bucăți mici

INSTRUCȚIUNI:
a) Topiți grăsimea de porc sau untura într-o cratiță potrivită. Combinați ceapa și usturoiul într-un bol de amestecare. Gatiti aproximativ 3 minute.
b) Combinați carnea de porc, orezul fiert, chimenul măcinat, sazonul , mazărea, sarea și piperul într-un bol de amestecare adecvat. Într-un castron, combinați grăsimea de porc și amestecul de ceapă. Dați la frigider timp de o oră după ce ați acoperit cu folie de plastic. Clătiți și uscați pielea de grăsime de porc cu apă rece. Așezați pielea de grăsime de porc pe o foaie de copt tapetată cu folie sau o tavă de copt și acoperiți cu amestecul de orez.
c) Începeți să rulați pielea de porc pentru a cuprinde complet amestecul de orez și carne de porc.
d) Pentru a-l păstra împreună, legați-l cu sfoară de bucătărie. La 475 de grade F, preîncălziți cuptorul. Lăsați pielea să se rumenească aproximativ 40 de minute în timp ce se coace neacoperită.
e) Gatiti inca 45 de minute dupa ce este acoperit cu folie. Scoateți-l din cuptor și puneți-l pe o masă de tocat.
f) După ce lechona s-a odihnit cel puțin 15 minute, tăiați-o. Se servește alături de arepa , cartofi sărați și felii de lime.

49. Milaneză de porc columbian

INGREDIENTE:
COTLE DE PORC
- 4 cotlete subțiri de porc dezosate (un ¼-½ inch grosime)
- Suc de 4 lime medii
- ½ lingură de chimion măcinat
- 1 lingura praf de usturoi
- 1 lingura praf de ceapa
- Sare si piper, dupa gust

PÂNIREA
- 1 cană (140 g) făină universală
- 2 ouă mari
- 1 lingura apa
- 1 cană (140 g) pesmet simplu
- Sare si piper, dupa gust
- Ulei

INSTRUCȚIUNI:
a) Asezonați cotletele de porc cu chimen, usturoi, ceapă, sare și piper, apoi stropiți cu suc de lămâie . Acest lucru ar trebui făcut pe ambele părți. Dă la frigider timp de 30 de minute după ce ai pus cotletele de porc într-un borcan de sticlă și acoperit cu folie de plastic.

b) Într-un bol de amestecare potrivit, combinați făina, sarea și piperul. Într-un castron mare separat, amestecați ouăle și apa, asezonând după gust cu sare și piper.

c) Într-un vas mare separat, asezonați pesmetul după gust cu sare și piper.

d) Scoateți cotletele de porc din frigider după 30 de minute și treceți-le în făină. Apoi scufundați-le în amestecul de ouă și scurgeți excesul.

e) În cele din urmă, dragați-le în pesmet , acoperind bine ambele părți. Gătiți cotletele de porc pregătite timp de aproximativ 6 minute pe fiecare parte într-o tigaie potrivită cu suficient ulei la foc mediu sau până când sunt fierte și aurii. Dacă este necesar, gătiți-le în loturi. Serviți imediat cu cartofi prăjiți, o salată, cartofi sărați sau arepas .

50.Pește întreg prăjit columbian

INGREDIENTE:
- 4 tilapia mici întregi, curățate și solzite
- 2 lime de marime medie
- 4 catei de usturoi, tocati
- Sarat la gust
- 1 cană de făină universală
- Ulei, pentru prajit

INSTRUCȚIUNI:
a) Faceți 3-4 incizii în diagonală pe ambele părți ale peștelui folosind un cuțit ascuțit.
b) Adăugați zeamă de lămâie la fiecare pește, usturoi și sare după gust.
c) Asigurați-vă că lichidul, usturoiul și sarea intră în cavitate, precum și feliile pe care le-ați făcut. Într-o tigaie potrivită, încălziți aproximativ 1 inch de ulei timp de cinci minute la foc mediu-înalt până când temperatura atinge 350 de grade F.
d) Folosind făina, acoperiți ambele părți ale fiecărui pește, scuturați excesul și puneți-l în uleiul fierbinte.
e) Gătiți timp de cinci-șapte minute pe fiecare parte într-o tigaie fierbinte până când devine auriu. Servi.

51. Salsa columbiană de roșii și ceapă

INGREDIENTE:
- 1 ceapa medie, tocata
- 2 rosii coapte, tocate
- 4 cepe verde, tocate
- ½ ardei verde, aproximativ ⅓ cana tocat
- 3 catei de usturoi, tocati
- 3 linguri ulei de masline
- ½ lingurita de chimion
- 1 pachet Sazón Goya con Azafrán
- ¼ cana frunze de coriandru, tocate grosier
- 1 praf sare
- 1 praf de piper negru, sau dupa gust

INSTRUCȚIUNI:
a) Într-o tigaie potrivită cu uleiul de măsline, combinați ceapa tocată, roșiile, ceapa verde, ardeiul verde, usturoiul, uleiul de măsline, chimenul și Sazón Goya.
b) Gatiti, intorcind frecvent, pana cand legumele sunt fragede si parfumate, aproximativ 10 minute la foc mediu.
c) Gatiti aproape cinci minute pana cand amestecul este extrem de moale si bine amestecat inainte de a adauga coriandru. Servi.

52. Fasole columbiană

INGREDIENTE:
- 1 lb. fasole roșie uscată
- 2 morcovi, tăiați cubulețe
- 1 pătlagină, tăiată cubulețe
- 1 (5 g) plic sazon goya
- 1 lingura sare
- Hogao (sos creol columbian)
- 1 roșie mică, tăiată cubulețe
- ½ ceapă mică, tăiată cubulețe
- 2 tulpini de ceapa verde, tocate
- ¼ cană coriandru proaspăt, tocat
- 2 linguri ulei

INSTRUCȚIUNI:

a) Spălați bine fasolea cu apă pentru a îndepărta orice resturi.

b) Puneți într-o oală sub presiune și umpleți până la linia maximă cu apă. Puneți un capac etanș pe aragaz și gătiți la foc mare timp de 35 de minute. Scoateți oala sub presiune de pe foc și lăsați aburul să iasă complet înainte de a o deschide.

c) Se adaugă morcovi, pătlagină, sazon și sare . Dacă preferați ciorba de fasole, adăugați apă suplimentară pentru a înlocui ceea ce a fost pierdut; dacă nu o faci, vor fi foarte uscate și va trebui să le urmărești mai îndeaproape în următoarea etapă pentru că sunt mai probabil să se ardă.

d) Acoperiți și fierbeți încă 20-30 de minute la foc mediu-mare. În timp ce fasolea fierbe, într-o cantitate mică de ulei, căliți roșia, ceapa și coriandru cu un strop de sare.

e) Când fasolea este gata, adăugați hogao și verificați dacă este fragedă; dacă este necesar, acoperiți și continuați să fierbeți încă 5-10 minute. Serviți cu orez alb și carnea preferată și bucurați-vă!

53. Carne En Polvo

INGREDIENTE:
- 1 lb. friptură de flanc, tăiată cubulețe
- 5 căni de apă
- 2 catei de usturoi, macinati
- 2 ceai, tocat
- ½ cană ceapă tocată
- ½ linguriță de chimen măcinat
- Sare si piper, dupa gust

INSTRUCȚIUNI:

a) Adăugați ceapa, usturoiul, ceapa, chimenul, sare și piper în friptura de flanc într-o pungă de plastic. Se da la frigider pentru cel putin doua ore.
b) Aduceți friptura de flanc și apă la fiert într-o oală potrivită la foc mediu-înalt.
c) Reduceți căldura la mediu-scăzut, apoi gătiți carnea timp de o oră.
d) Scoateți carnea de vită fiartă din apă și lăsați-o deoparte să se răcească. Apa folosită pentru a găti carnea de vită poate fi folosită pentru a face supă sau ca supă de vită pentru alte mese. Pune carnea de vită într-un robot de bucătărie și taie-o bucăți.
e) Procesați carnea de vită până capătă o consistență pudră. Servi.

54. Linte columbiene

INGREDIENTE:
- ½ cană de linte
- 1 ½ cană apă
- 1 roșie mică, tocată
- 1 ceapa mica, tocata
- 2 lingurite chimen macinat
- 1 lingurita sare
- 1 lingura ulei vegetal
- 2 cartofi galbeni mici, taiati cubulete

a) INSTRUCTIUNI :
Intr-o oala potrivita la foc mediu-mare, combina lintea, apa, rosiile, ceapa, chimenul, sarea si uleiul vegetal; se fierbe la fiert.

b) Gatiti aproape 30 de minute pana lintea se inmoaie. Gatiti, amestecand din cand in cand, pana cartofii sunt moi, inca 15 minute.

55. Cartofi Turmada columbieni

INGREDIENTE:
- 6 cartofi mari, decojiti si feliati
- 2 linguri ulei vegetal
- 6 link-uri cârnați de porc, feliați
- ¼ cană ceapă albă tăiată cubulețe
- ¼ cană ceapă verde tocată
- ½ cană roșii proaspete tăiate cubulețe
- 1 lingurita chimen macinat-
- ½ linguriță de cimbru uscat, măcinat
- Sare si piper, dupa gust
- 3 felii de paine alba de sandvici, taiate cubulete
- ½ cană lapte
- 1 cană de brânză mozzarella mărunțită
- 1 cană parmezan ras
- 2 linguri ulei vegetal
- 6 oua fierte tari, feliate

INSTRUCȚIUNI:

a) La 350 de grade F, preîncălziți cuptorul. Un vas de sticlă de 9 x 13 inci trebuie uns. Umpleți o oală potrivită până la jumătate cu apă cu sare și adăugați cartofii.
b) Gatiti la fierbere la foc mare, apoi coborati la foc mediu-mic, acoperiti si gatiti timp de 20 de minute sau pana cand legumele sunt moi. Într-o tigaie potrivită, la foc mediu, încălziți uleiul vegetal; gătiți cârnații timp de 5 minute în uleiul încins.
c) Gatiti inca 5 minute dupa ce adaugati ceapa alba si cea verde. Combinați roșia, chimenul și cimbrul într-un castron. Sare si piper dupa gust.
d) Reduceți căldura la foc mic și gătiți timp de 10 minute. Turnați laptele peste cuburile de pâine într-un castron, asigurându-vă că fiecare bucată este înmuiată. Jumătate din feliile de cartofi ar trebui să meargă pe fundul vasului pregătit.
e) Acoperiți cartofii cu amestecul de cârnați.
f) Ouăle feliate, aproximativ jumătate din pâinea umezită, brânza mozzarella, feliile de cartofi rămase, pâinea umezită rămasă și, în sfârșit, parmezanul sunt stratificate una peste alta.
g) Coaceți timp de 30 de minute în cuptorul preîncălzit până când se încălzește complet.

56.Carne Asada columbiană

INGREDIENTE:
- 2 lbs. friptură de flanc, tăiată în bucăți mari
- 2 linguri ulei de masline

MARINADA
- 1 lingura zahar
- 1 lingura otet de vin rosu
- 1 ½ lingură suc de lămâie
- 1 lingurita chimen
- 1 lingurita pudra de chili
- 1 lingurita sare
- 3 catei de usturoi, tocati

CHIMICHURRI
- 1 cană frunze de pătrunjel
- 3 catei de usturoi
- 2 linguri ulei de masline
- 1 lingura otet de vin rosu
- 2 linguri suc de lamaie
- Sarat la gust
- Piper negru proaspăt măcinat, după gust

INSTRUCȚIUNI:

a) Amestecă toate ingredientele pentru sosul chimichurri într-un blender și ține-l deoparte.

b) Amestecați ingredientele pentru marinată într-un bol potrivit și puneți bucățile de friptură de flanc în el. Se amestecă bine pentru a se acoperi, se acoperă și se da la frigider pentru 2 ore. Între timp, la 350 de grade F, preîncălziți cuptorul.

c) Asezam bucatile de friptura pe o tava tapetata cu hartie de copt. Se toarnă marinada rămasă peste friptură și se coace la cuptor timp de 20-30 de minute până se înmoaie.

d) Întoarceți friptura odată gătită la jumătate. Servi.

57. Empanadas vegetariene cu fasole neagră și porumb

INGREDIENTE:
ALUAT
- 4 căni de făină universală
- 3 linguri de zahar granulat
- 1 ½ linguriță sare
- ¾ cană untură rece
- 2 linguri de unt
- 2 galbenusuri mari
- ¾ până la 1 cană de apă

UMPLERE
- ½ cană stafide aurii
- 3 linguri ulei vegetal
- 1 ceapa mica, tocata
- 2 lingurite de aji pasta de panca
- 1 lingurita chimen
- ½ linguriță sare de usturoi
- 1 roșie medie, fără semințe și tăiată cubulețe
- 6 ceai medii, tocati
- 1 lingura zahar granulat
- 1 conserve (15 ½ oz) de fasole neagră, scursă
- 2 cesti boabe de porumb congelate
- 1 lingura suc de lamaie
- 4 uncii. de brânză de fermier, tăiată cubulețe
- 4 uncii. brânză pepper jack, tăiată cubulețe
- ¼ cană coriandru proaspăt, tocat

ASAMBLARE
- 1 ou mare, bătut
- 1 cană zahăr praf necernut

INSTRUCȚIUNI:
a) Amestecați toate ingredientele pentru aluatul de empanadas într-un castron și apoi frământați timp de 5 minute.
b) Puneți aluatul de empanadas pregătit într-un bol, acoperiți și lăsați timp de 10 minute. Pentru umplutură, căleți ceapa cu pastă de aji , sare de usturoi și chimen cu ulei într-o tigaie timp de cinci minute.

c) Se amestecă roșiile, zahărul și ceaiul verde și apoi se fierbe timp de opt minute. Adăugați fasolea neagră și restul ingredientelor de umplutură.
d) Se amestecă bine și se fierbe timp de 10 minute. Împărțiți aluatul pregătit în 20 de bucăți egale și întindeți fiecare într-o rotundă de ¼ inch grosime. Împărțiți umplutura de fasole neagră peste cercuri și împăturiți-le în jumătate. Ciupiți marginile aluatului și sigilați umplutura în interior. La 350 de grade F, preîncălziți cuptorul.
e) Așezați empanadas de fasole neagră pregătite pe o foaie de copt și coaceți-le timp de 15 minute și întoarceți-le odată fierte la jumătate. Servi.

58. Frijoles Colombianos

INGREDIENTE:
- 3 căni de fasole pinto, înmuiată
- 1 lb. jareți de porc
- 6 căni de apă
- 1 cană morcovi mărunțiți
- ½ lingurita sare
- ½ pătlagină verde, tăiată în ¼-inch

GUISO
- 1 lingura ceapa tocata
- 2 cani de rosii taiate cubulete
- ¼ cană de ceață tocată
- 3 linguri ulei vegetal
- ¼ lingurita sare
- 1 cățel de usturoi, tocat
- ¼ cană coriandru tocat
- ¼ linguriță de chimen măcinat

INSTRUCȚIUNI:

a) Scurgeți fasolea înmuiată și amestecați-le cu apa și jaret de porc într-o oală potrivită.

b) Gatiti fasolea la fierbere la foc mediu-mare, apoi acoperiti si scadeti focul la mediu-mic. Lasam fasolea sa fiarba la foc mic aproximativ 2 ore sau pana cand sunt practic fragede. Pregătiți guiso în timp ce fasolea se gătește.

c) Gatiti aproape 15 minute intr-o tigaie potrivita cu uleiul vegetal la foc mediu si adaugati rosiile, ceapa, ceapa, sarea, usturoiul, coriandru si chimenul macinat.

d) Adăugați guiso , pătlaginile, morcovii și sarea când fasolea este aproape gata .

e) Gatiti inca 60 de minute sau pana cand fasolea este complet fierta.

f) Acoperiți și fierbeți încă trei ore cu guiso , pătlagină, morcovi și sare. Se serveste dupa ce ai verificat sarea.

59. Sancocho De Albondigas

INGREDIENTE:
- ½ lb. carne de porc măcinată
- ½ lb. carne de vită măcinată
- 4 linguri aliños
- ½ lingurita sare
- ½ cană făină de porumb prefiartă
- ½ apă caldă
- 1 cană de sos aliños
- 3 spice de porumb proaspete, tăiate în 3 bucăți
- 12 căni de apă
- 2 pătlagini verzi, decojite și tăiate felii
- 4 cartofi albi medii, decojiti si taiati in jumatate
- yuca congelată sau proaspătă, tăiată cubulețe
- ¼ cană coriandru proaspăt, tocat
- ¼ lingurita piper negru
- 1 lingurita sare

INSTRUCȚIUNI:
a) Combinați carnea, carnea de porc, alios, sarea, făina de porumb și apa într-un bol de amestecare adecvat. Frământați amestecul pregătit cu mâinile până când totul este bine combinat. Din amestec se fac 8 chifteluțe și se așează pe o farfurie.
b) Puneți apa, alios, chiftele, porumb, sare și pătlagină verde într-o oală potrivită. Gătiți până la fierbere, apoi reduceți la foc mediu-mic și fierbeți timp de aproximativ 45 de minute. Combinați cartofii și yuca într-un bol de amestecare potrivit.
c) Gatiti inca 30 de minute pana cand legumele sunt fragede. Adăugați coriandru și amestecați bine. Se condimenteaza cu sare si piper dupa gust.
d) Servește chiftelele și legumele în boluri mari cu supă, împărțind uniform chiftelele și legumele.

60. Crema De Aguacate

INGREDIENTE:
- 1 lingura de unt
- ½ cană ceapă tocată
- 1 catel de usturoi tocat
- 4 căni de supă de pui
- 2 avocado coapte decojite și piure
- 1 lingurita suc de lamaie
- 2 căni de smântână groasă
- ¼ linguriță de chimen măcinat
- Sare si piper, dupa gust
- ¼ cană coriandru proaspăt tocat

INSTRUCȚIUNI:

a) Intr-o oala potrivita se incinge untul la foc mediu si se adauga ceapa, si usturoiul. Gatiti 5 minute, amestecand des. Se amestecă supa de pui și se fierbe până la fierbere.

b) Reduceți căldura la mediu-scăzut, adăugați avocado, chimen, piper negru și sare și continuați să gătiți încă 10 minute.

c) Trimiteți această supă în piure cu un blender până când se omogenizează și se ornează cu coriandru.

61. Chiftele în stil columbian

INGREDIENTE:
- ½ lb. carne de porc măcinată
- ½ lb. carne de vită măcinată
- 1 ou mare
- ½ linguriță de chimen măcinat
- ¼ cană masarepa de mălai prefiartă
- 1 catel de usturoi tocat
- ¼ cană ceapă tocată
- 1 ceapa tocata
- ¼ cană ardei gras roșu
- Sare si piper, dupa gust
- 2 linguri ulei pentru a găti chiftele
- 2 căni de hogao (sos creol columbian) sau sos de roșii similar
- 2 cesti supa de vita
- 2 linguri de făină universală
- ¼ cană coriandru proaspăt

INSTRUCȚIUNI:

a) Pentru a prepara chiftelele, combinați carnea de porc și carnea de vită într-un bol de amestecare adecvat. Combinați ceapa, usturoiul, ceapa verde, ardeiul gras roșu, masarepa , oul, sarea și piperul într-un bol de amestecare adecvat.

b) Folosind mâinile, combinați bine ingredientele. Formați chiftelele în bile și aranjați-le pe un vas de servire. Într-o cratiță potrivită, preîncălzim uleiul la foc mediu. Se calesc chiftelele timp de aproximativ șapte minute sau până se rumenesc bine pe toate părțile.

c) Asezati chiftelele pe un vas tapetat cu prosoape de hartie pentru a absorbi orice exces de lichid.

d) Pentru a face sosul, combinați restul ingredientelor rețetei într-un bol de amestecare. Se amestecă făina cu o lingură de lemn până se dizolvă complet în grăsime. Turnați bulionul de vită și răzuiți fundul tigaii cu o lingură de lemn pentru a elibera bucățile.

e) Se fierbe la foc mic până când lichidul s-a redus și s-a format un sos. Gatiti, amestecand frecvent, timp de 10 minute dupa adaugarea hogao-ului . Aruncă chiftelele înapoi în sos.

f) Se fierbe aproape 20 de minute până când sosul se îngroașă puțin, iar chiftelele sunt bine încălzite. Serviți peste orez alb ornat cu coriandru.

62.Somon copt cu ulei de coriandru-usturoi

INGREDIENTE:
- 4 6 oz file de somon
- 2 căni de coriandru proaspăt, tulpinile îndepărtate
- ½ cană ulei de măsline
- Sare si piper, dupa gust
- 2 catei de usturoi
- Suc de ½ lime

INSTRUCȚIUNI:
a) La 400 de grade F, preîncălziți cuptorul. Puneți fileurile de somon într-o tavă potrivită pentru copt. Asezonați sare și piper după gust pe fiecare file.
b) Combinați coriandru, ulei, usturoi, lămâie, sare și piper într-un robot de bucătărie. Turnați jumătate din amestecul de ierburi peste fileurile de somon.
c) Coaceți vasul de copt al somonului timp de 15 până la 20 de minute sau până când somonul este gătit. Stropiți peste pește cu sosul de coriandru rămas și serviți.

63.Somon cu sos de creveți

INGREDIENTE:
- 4 -6 oz. Fileuri de somon
- Sare si piper, dupa gust
- ½ lingurita boia
- 3 linguri de unt
- ¼ cană ceapă tocată
- 1 ½ cană de lapte
- 3 linguri de făină universală
- 1 ½ cană de lapte
- ¼ cană smântână groasă
- 1 lb. creveți decojiți, devenați și tăiați în bucăți
- ¼ linguriță de chimen măcinat
- ½ tabletă bulion de pește

INSTRUCȚIUNI:
a) La 400 de grade F, preîncălziți cuptorul. Puneți fileurile de somon într-o tavă potrivită pentru copt. Peste fiecare file se presară boia, sare și piper .
b) Coaceți vasul de copt timp de 15 până la 20 de minute sau până când somonul este gătit.
c) Pentru a crea sosul, se topește untul într-o cratiță potrivită la foc mediu, se adaugă ceapa și se călește aproape trei minute sau până când este transparent.
d) Se amestecă făina cu ceapa timp de două minute la cuptor.
e) Gatiti laptele pana la fiert, apoi scadeti focul.
f) Gatiti cinci minute cu crevetii, sare, piper, chimen si bulion de peste. Gatiti inca doua minute dupa adaugarea smantana grea.
g) Opriți căldura. Puneți creveții într-un castron.

64.Pulpă de porc prăjită în stil columbian

INGREDIENTE:
- 1 (10 lbs.) pulpă de porc cu os
- 8 ceapă, tocată
- 1 ardei gras rosu, taiat cubulete
- 1 ceapă albă mare, tăiată cubulețe
- 10 căței de usturoi, zdrobiți
- 3 linguri de chimen macinat
- 2 linguri de otet alb
- Sare si piper, dupa gust
- 6 căni de bere neagră
- 1 lingură de achiot măcinat

INSTRUCȚIUNI:
a) Pune carnea de porc într-o tavă potrivită care poate fi păstrată la frigider și folosită la cuptor.
b) Pentru a face marinada de porc, amestecați toate ingredientele într-un castron. Într-un robot de bucătărie potrivit, combinați ceapa, ardeiul roșu, ceapa, usturoiul zdrobit, chimenul măcinat, oțetul, sarea și piperul. Procesați pană când totul este bine integrat.
c) Trebuie făcute incizii adânci pe ambele părți ale pulpei de porc, iar marinada trebuie frecată pe toată carnea. Dă la frigider timp de 24 de ore după ce ai acoperit tigaia cu folie de plastic. Lăsați pulpa de porc să se marineze încă 24 de ore cu berea și achiotul măcinat, rotindu-l la fiecare opt ore.
d) Când sunteți gata de gătit, scoateți-l din frigider și lăsați-l să stea la temperatura camerei timp de 30 de minute. La 325 de grade F, preîncălziți cuptorul.
e) Acoperiți bine tava cu folie și coaceți timp de cinci până la șapte ore, sau până când se înmoaie, pe grătarul cel mai de jos al cuptorului.
f) Pentru a evita uscarea pulpei de porc, spălați-o în sosurile de tigaie la fiecare 20 de minute, cu un polonic de supă. Scoateți folia din tigaie când carnea de porc este gătită și puneți la grătar timp de șapte minute până când pielea devine crocantă și trosnește.

65.Friptură înmuiată în lime

INGREDIENTE:
- Sare grunjoasă, după gust
- 1 ½ lbs. friptură de fustă tăiată, tăiată în jumătate
- Piper negru, dupa gust
- ½ lime, suc

INSTRUCȚIUNI:
a) Frecați friptura cu piper negru, suc de lămâie și sare.
b) Pune o tigaie la foc mediu.
c) Ungeți-o cu spray de gătit și gătiți friptura timp de trei minute pe fiecare parte. Serviți cald.

66.Sandviș cu pui

INGREDIENTE:
- ¾ cană de pui la rotisor, mărunțit
- ⅓ cană maioneză ușoară
- 2 linguri de ketchup
- 1 lingurita suc proaspat de lamaie
- ½ cană morcovi, curățați și mărunțiți
- ¼ cană stafide
- 1 praf sare
- 1 praf de piper negru
- 4 felii de pâine integrală

INSTRUCȚIUNI:

a) Amestecați puiul mărunțit cu piper negru, sare, stafide, morcovi, zeamă de lămâie, ketchup și maia într-un castron.

b) Acoperiți jumătate din feliile de pâine integrală cu amestec de brânză și puneți deasupra alte felii de pâine. Tăiați și serviți.

67. Coaste de porc columbiene

INGREDIENTE:
- 4 lingurite sare
- 4 catei de usturoi, tocati
- 1 ceapa alba medie, tocata
- 1 lingurita piper negru
- 1-½ linguriță de muștar de Dijon
- 1-½ linguriță sos Worcestershire
- 1 lingurita oregano uscat
- ¼ linguriță de chimen măcinat
- 1 lingurita piper malagueta
- ½ cană oțet de mere
- 4 kg coaste de porc
- Ulei vegetal, doar pentru periaj

INSTRUCȚIUNI:

a) Amestecați sarea, usturoiul, ceapa, piperul negru și restul ingredientelor, cu excepția coastelor. La 350 de grade F, preîncălziți cuptorul.

b) Asezati coastele asezonate pe o tava de copt si picurati deasupra marinada. Frecați bine, acoperiți și marinați timp de 1 oră.

c) Acoperiți tava cu o foaie de folie și coaceți timp de o oră și 50 de minute. Creșteți temperatura cuptorului la 425 de grade F și preîncălziți cuptorul.

d) Acoperiți și prăjiți timp de 25 de minute. Serviți cald.

68.Slănină și gură verde

INGREDIENTE:
- 2 legături de gură verde
- 6 fasii de bacon afumat, taiate cubulete
- 4 catei de usturoi, tocati
- Sare si piper negru, dupa gust
- 1 linguriță pudră de bulion de pui

INSTRUCȚIUNI:
a) Albește verdeața în șase căni de apă clocotită timp de trei minute, apoi se scurge.
b) Sotește baconul într-o tigaie potrivită timp de șapte minute. Se amestecă usturoiul și se călește timp de aproape 30 de secunde.
c) Adăugați verdeața, piper negru, sare și praf de bulion.
d) Gatiti trei minute. Serviți cald.

69.Orez copt cu șuncă și brânză

INGREDIENTE:
- 2 galbenusuri mari
- 2½ căni de smântână grea pentru frișcă
- ½ ceapă mică, tăiată cubulețe
- 1 cană morcovi, mărunțiți
- 1 cana patrunjel proaspat, tocat
- 1 lingurita sare
- 1 praf de piper negru
- 8 oz. brânză mozzarella, mărunțită
- 8 oz. șuncă delicată tocată
- 2 cani de orez alb fiert
- 1 cană parmezan, mărunțit

INSTRUCȚIUNI:
a) La 350 de grade F, preîncălziți cuptorul.
b) Ungeți o tavă potrivită cu unt și apoi pudrați cu făină. Se amestecă gălbenușurile cu smântâna într-un bol.
c) Se amestecă orezul, șunca, mozzarella, piperul negru, sarea, 1 cană de pătrunjel, morcovul și ceapa.
d) Se amestecă bine și apoi se întinde acest amestec în tava de copt.
e) Stropiți parmezan deasupra și coaceți timp de 30 de minute.
f) Se orneaza cu patrunjel. Serviți cald.

70. Placinta de pui la oala

INGREDIENTE:
Umplutura de pui
- 2 linguri ulei de masline
- 2 cepe medii, tocate
- 2 catei de usturoi, tocati
- 2 rosii, tocate
- 2 kg piept de pui, fiert și tocat
- ½ cană măsline verzi tocate
- 1 cană de porumb
- 1 cană mazăre verde
- 1 cană inimioare de palmier, tocate
- 1 cană sos de roșii
- Câteva stropi de sos iute
- 2 cesti supa de pui
- 1 lingură de făină amestecată cu ⅓ cană de lapte
- ½ cana patrunjel tocat
- Sare si piper negru, dupa gust

CRUSTĂ
- 5 căni de făină
- 1 lingurita sare
- 3 galbenusuri de ou
- ½ cană apă rece
- 3 bețișoare de unt (12 oz), tăiate în bucăți mai mici
- 1 galbenus de ou, batut, pentru periaj

INSTRUCȚIUNI:
a) Căleți ceapa și usturoiul cu ulei într-o tigaie adâncă timp de două minute. Adăugați roșiile și gătiți timp de cinci minute. Se amestecă porumbul, mazărea și restul ingredientelor de umplutură și apoi se fierbe timp de 10 minute. Amesteca bine si tine-l deoparte.
b) Amestecați făina și restul ingredientelor pentru crustă într-un bol. Frământați aluatul pregătit, acoperiți și lăsați timp de 20 de minute. La 350 de grade F, preîncălziți cuptorul.
c) Luați ⅔ din acest aluat și întindeți-l în rotunde de 12 inci. Puneți-l într-o tigaie de nouă inci și apăsați-l pe pereți.
d) Faceți niște găuri în crustă și adăugați umplutura pregătită. Rulați aluatul rămas într-o rotundă de nouă inci și puneți-l peste umplutură. Tăiați o cruce deasupra și ungeți-o cu gălbenuș de ou.
e) Se coace 35 de minute la cuptor. Se feliază și se servește cald.

DESERTURI

71.Crema de Crăciun columbiană

INGREDIENTE:
- 8 oz. panela sau sirop similar de trestie de zahar
- 4 cani de lapte integral
- 3 cuișoare
- 4 batoane de scortisoara
- ½ lingurita de bicarbonat de sodiu
- ½ lingurita sare
- ¾ cană amidon de porumb
- 2 linguri de unt
- 1 cană nucă de cocos mărunțită
- 1 lingurita de vanilie
- ¾ cana nuci tocate

INSTRUCȚIUNI:

a) Într-un castron potrivit, combinați amidonul de porumb și apa. Bateți încet o cană de lapte (sau mai multe dacă este necesar) până când amidonul de porumb este complet amestecat și amestecul este omogen.

b) Umpleți o oală grea până la jumătate cu lapte. Amidonul de porumb are o aromă care este vizibilă la început, dar se estompează odată ce natilla este gătită corespunzător. Ar trebui adăugat amidon de porumb. Rade panela și amestecă-o cu laptele.

c) Combinați bicarbonatul de sodiu, batoanele de scorțișoară și sarea într-un bol de amestecare. Pentru a combina bine ingredientele, amestecați-le împreună. Trebuie adăugat bicarbonat de sodiu.

d) Aduceți amestecul de lapte-zahăr la fierbere la foc mediu-mic, amestecând constant. Scoateți cuișoarele și batoanele de scorțișoară. Aduceți amestecul de zahăr la fiert.

e) Continuați să gătiți, amestecând regulat, până când amestecul de lapte-amidon de porumb începe să se îngroașe. Dacă folosiți, adăugați nuca de cocos. Într-un alt bol potrivit, amestecați laptele și amidonul de porumb. Se fierbe timp de 10 până la 12 minute sau până când amestecul s-a îngroșat. Amestecați în mod regulat pentru a preveni aglomerarea amidonului de porumb și a amestecului să se ardă. Aduceți amestecul la fierbere.

f) Se ia de pe foc si se adauga stafide si/sau nuci, daca se prefera. Combinați untul și extractul de vanilie într-un castron. Se amestecă stafidele și nucile. Umpleți o tavă pătrată de sticlă pregătită de opt inci sau orice tavă de copt unsă cu amestecul. Dați la rece până când amestecul este solid.

g) Umpleți tava până la jumătate cu amestecul. Presarati zahar pudra peste natilla. Pentru a servi, tăiați în bucăți dreptunghiulare de trei inci.

72.Tort cu lira columbiană

INGREDIENTE:
- 2 cani de unt nesarat, inmuiat
- 1 ½ cană de zahăr
- 9 ouă, separate
- 2 linguri rachiu
- 1 lingurita de vanilie
- 4 ½ cani de faina de prajitura, cernuta
- ½ lingurita sare

INSTRUCȚIUNI:
a) Preîncălziți cuptorul la 325 de grade Fahrenheit. Bateți untul până devine ușor și pufos, apoi adăugați treptat zahărul, bătând constant până când amestecul devine ușor și pufos.
b) Continuați să bateți la viteză medie-mare în timp ce adăugați gălbenușurile pe rând.
c) Se amestecă bine coniacul și extractul de vanilie. Amestecați sarea și făina în amestecul de ouă și amestecați bine.
d) Albusurile trebuie sa fie tari si uscate. Cu o spatulă de cauciuc, îndoiți albusurile. Ungeți o tavă de tort de 10 inci cu unt.
e) Așezați hârtie de copt pe fundul tavii unsă cu unt și apăsați-o în jos, apoi întoarceți hârtia, astfel încât să fie pe interiorul tavii.
f) Turnați aluatul în tavă și zdrobiți-l de blat pentru a asigura o distribuție uniformă. Coacem o ora sau pana cand prajitura se desprinde de pe laterale si un cutit introdus in centru iese curat.
g) Se lasa sa se raceasca pe un gratar.

73. Biscuiți columbieni cu unt și zahăr (Polvorosas)

INGREDIENTE:
- 1 ½ cani de unt nesarat
- ½ cană zahăr
- 2 căni de făină universală
- ½ cană de zahăr pudră
- ½ linguriță de extract de vanilie

INSTRUCȚIUNI:

a) Preîncălziți cuptorul la 350 de grade Fahrenheit. Pentru ca untul să fie limpede: Într-o oală potrivită, topiți untul nesărat la foc mic până s-a topit complet. Se lasa la fiert pana cand spuma se ridica la suprafata untului topit.

b) Lăsați să se răcească timp de cinci minute după ce ați scos tigaia de pe foc. Scoateți spuma de deasupra și aruncați-o.

c) Cu o sită cu ochiuri fine, turnați-o într-un bol. Timp de aproximativ 3 minute, bate untul folosind un mixer electric. Se amestecă zahărul și vanilia până se combină complet.

d) Continuați să bateți încă două minute după ce ați adăugat făina. Din aluat formați o minge. Se da la frigider pentru 30 de minute dupa ce ai invelit in plastic. Formați 2 lingurițe de aluat în bile între palme. Așezați biluțele la o distanță de ½ centimetri pe o foaie de copt unsă cu ulei.

e) Cu ajutorul mâinilor, aplatizați bilele. Coaceți fursecurile pentru aproximativ 20 de minute, sau până când se rumenesc deasupra.

f) Lăsați să se răcească timp de cinci minute pe tava de copt. Peste fursecuri trebuie presarat zahar pudra .

74. Merengón columbian

INGREDIENTE:
COOKIES DE BEZEGHE
- 4 albusuri mari la temperatura camerei
- ½ lingurita crema de tartru
- ⅛ linguriță sare
- 1 cană zahăr granulat
- 1 lingurita extract de vanilie

MERENGON
- 3 cani de frisca
- 3 căni de fructe la alegere

INSTRUCȚIUNI:
a) La 250 de grade F, preîncălziți cuptorul. Acoperiți o foaie de copt potrivită cu hârtie de copt și folosiți o ceașcă sau un castron mic pentru a desena cercuri de dimensiuni medii (două-trei inci, aproximativ cinci-șapte cm în diametru) pe hârtie de pergament. Pregătiți amestecul de bezea amestecând toate ingredientele sale într-un bol, apoi transferați-l într-o pungă de patiserie.

b) Pentru a fixa hârtia de pergament pe foaia de biscuiți, tamponați o cantitate mică de bezea pe partea inferioară a fiecărui colț. Umpleți fiecare cerc desenat cu amestecul pentru a forma bezeaua într-o formă de cupcake.

c) La 212 grade F, preîncălziți cuptorul și coaceți timp de o oră. Apoi opriți cuptorul și lăsați ușa deschisă câteva ore pentru a permite bezelelor să se usuce și să se răcească. (Lăsați bezeaua să se usuce în cuptor fără a deschide ușa dacă doriți să fie absolut crocante .)

d) Când sunt suficient de reci pentru a fi manevrate, sfărâmă blaturile uneia dintre bezele, umple-o cu frișcă și deasupra cu fructele preferate. Dacă doriți să faceți un bezea în două straturi , prăbușiți o altă bezea peste cea decorată, umpleți-o cu frișcă și acoperiți-o cu mai multe fructe.

75. Bomboane cu nucă de cocos (Cocadas Blancas)

INGREDIENTE:
- 2 ½ căni de nucă de cocos, mărunțită
- ¾ cană de zahăr
- 1 ½ cană de apă de cocos
- ¼ cană de lapte integral
- Un praf de scortisoara pudra

INSTRUCȚIUNI : s
a) Într-o oală, combinați toate ingredientele. Se fierbe la fierbere, apoi se reduce la foc mic.
b) Se lasa sa fiarba, neacoperit, timp de 30 de minute sau pana se ingroasa.
c) Pentru ca amestecul de nucă de cocos să nu adere de fundul vasului, amestecați-l frecvent cu o lingură de lemn.
d) Folosind două linguri, puneți porții mici din aluat pe foi de copt tapetate cu pergament, distanțați-le la doi centimetri.
e) Până la două săptămâni, păstrați-le într-un recipient ermetic.

76. Tort cu firimituri de mere

INGREDIENTE:
ALUAT DE TORT
- 2 căni de făină universală
- ¾ cană zahăr alb
- 2 lingurite praf de copt
- 1 lingura de sare
- 1 lingura de scurtator, topit
- 3 linguri de unt nesarat, topit
- 1 ou mare
- 1 cană smântână groasă
- 1 lingura extract de vanilie
- 3 mere medii de tartă pentru copt, fără miez și tăiate în ⅛ felii

TOPPING STREUSEL
- ¼ cană făină universală
- 2 linguri de zahar
- ½ lingurita de scortisoara macinata
- 1-½ lingură de unt rece, nesarat, tăiat în bucăți
- ½ lingură smântână grea pentru frișcă
- 1 lingurita extract pur de vanilie

GARNITURĂ
- ⅓ cană sos caramel

INSTRUCȚIUNI:
a) La 350 de grade F, preîncălziți cuptorul. Ungeți o tavă potrivită de 8 x 8 inci cu spray de gătit.
b) Amestecați ingredientele pentru toppingul streusel într-un castron.
c) Amestecă toate ingredientele rețetei de prăjitură într-un bol până se omogenizează. Întindeți aluatul de prăjitură în tava de copt și acoperiți-l cu felii de mere și toppingul de streusel.
d) Coaceți acest tort timp de 40 de minute la cuptor. Lăsați tortul să se răcească și feliați pentru a servi.

77. Mousse de avocado

INGREDIENTE:
- 1 lapte condensat îndulcit de 14 oz
- 4 avocado mici, decojite și fără sâmburi
- 2 lime suculente
- 2 linguri de zahar granulat
- 1 lingura fistic tocat

INSTRUCȚIUNI:
a) Amestecați laptele, avocado, sucul de lămâie și zahărul într-un blender până la omogenizare.
b) Împărțiți în patru rame și dați la frigider două ore.
c) Se ornează cu fistic și se servește.

78. Torta De Tres Leches

INGREDIENTE:
TORT
- 1 cană de făină universală
- 1 ½ linguriță praf de copt
- ¼ lingurita sare
- 5 ouă mari separate
- 1 cană de zahăr granulat împărțit
- 1 lingurita extract de vanilie
- ⅓ cană lapte integral
- 1 cutie (12 oz) lapte evaporat
- 1 cutie (14 oz) lapte condensat îndulcit
- ¼ cană smântână groasă

GĂMÂNT DE FRȘȘINĂ
- 1 ¾ cană smântână groasă
- 1 lingurita extract de vanilie
- 2 ½ linguri de zahăr

INSTRUCȚIUNI:

a) La 350 de grade F, preîncălziți cuptorul. Așezați o tavă potrivită de 9 x 13 inci cu hârtie de copt, lăsând clapete pe ambele părți ale tavii.

b) Ungeți pergamentul cu spray de gătit. Amesteca praful de copt, faina si sarea intr-un bol potrivit. Bateți gălbenușurile cu ¾ de cană de zahăr într-un mixer la viteză mare până când sunt galbene palide.

c) Adăugați vanilia și laptele. Turnați amestecul de gălbenușuri de ou pregătit peste amestecul de făină și amestecați bine până se omogenizează. Separat, bate albusurile spuma intr-un mixer la viteza mare pana se formeaza varfuri moi. Se amestecă restul de ¼ de cană de zahăr și se bate până când albusurile sunt tari. Îndoiți albușul în aluatul pregătit. Turnați aluatul pregătit în tigaie.

d) Coaceți aluatul de tort aproape 45 de minute. Răciți tortul copt pe un grătar, apoi întoarceți tortul pe un platou cu ramă.

e) Între timp, amestecați într-un castron laptele evaporat, laptele condensat și smântâna groasă. Toarnă încet tot amestecul de lapte peste tort. Lăsați tortul cel puțin 30 de minute.

f) Pentru a îngheța, prăjitura, bate o cană și ¾ de smântână groasă cu două linguri și jumătate de zahăr și o linguriță de vanilie până devine groasă.

g) Întindeți frișca peste suprafața prăjiturii. Tăiați în pătrate și serviți.

79. Rozete columbiene

INGREDIENTE:
cookie-uri
- 2 oua
- 1 lingura zahar granulat
- Un praf de sare
- 1 ¼ cană făină universală
- 1 cană lapte integral
- 1 lingurita extract de vanilie
- Colorant alimentar portocaliu, după gust

CREMA DULCE
- 1 ½ cană făină universală
- 2 ¼ cani de apa
- 1 lingurita extract de vanilie
- Colorant alimentar portocaliu, după gust
- 1 cană de zahăr granulat alb
- 2 linguri de unt topit
- Ulei, pentru prajit
- Lapte condensat îndulcit

INSTRUCȚIUNI:

a) Bate două ouă cu zahărul și sarea într-un bol potrivit. Amestecați restul ingredientelor pentru prăjituri până se formează fără cocoloașe. Acoperiți acest aluat de prăjituri cu folie de plastic și lăsați-l la frigider peste noapte. Pentru smântâna dulce, amestecați făina cu o a patra cană de apă într-un castron potrivit. Se amestecă extractul de vanilie și colorantul alimentar.

b) Acum, aduceți o cană de apă la fiert și apoi adăugați zahărul. Reduceți căldura la foc mediu-mic și amestecați bine. Adăugați încet amestecul de făină dulce de smântână și amestecați bine până o cremă groasă și netedă. Se ia de pe foc si apoi se lasa sa se raceasca complet.

c) Preîncălziți uleiul de gătit într-o tigaie adâncă la adâncimea de 350. Înmuiați fierul de călcat rozetă în uleiul fierbinte timp de aproape 30 de secunde, apoi scufundați-l în aluatul de prăjituri. Acum, scufundați din nou fierul de călcat rozetă cu aluatul în ulei și lăsați-l timp de aproximativ 30 de secunde.

d) Prăjiți fiecare prăjitură timp de aproape două minute, scurgeți-i uleiul cu capul în jos pe prosoape de hârtie și lăsați prăjitura să se răcească complet.

e) Coaceți mai multe fursecuri în același mod.

f) Acoperiți fiecare prăjitură cu smântână dulce și lapte condensat. În cele din urmă, serviți.

80. Pâine umplută cu pastă de guava

INGREDIENTE:
- 2 ¼ linguriță de drojdie
- 7 oz. 4 linguri de apă caldă
- 4 căni de făină universală
- 1 lingurita de sare
- ½ cană de zahăr plus
- ½ cană de unt nesărat, topit
- 1 lingura de extract de vanilie
- 2 ouă mari

GLAZURĂ
- 1 ou bătut
- 2 linguri de unt topit
- 2 căni de pastă de guava tăiată cubulețe sau felii

INSTRUCȚIUNI:

a) Într-un vas mic, turnați patru linguri de apă caldă. Apa ar trebui să fie caldă, dar nu până la punctul în care să nu poți să -ți bagi stomacul degetele în ea. Se amestecă ½ lingură de zahăr și drojdie pentru a se dizolva.

b) Lăsați zece minute pentru ca drojdia să înceapă să crească. Începeți să amestecați făina, sarea, zahărul rămas, apa și amestecul de drojdie într-un castron bun. Cel mai bine este să faci asta cu mâinile pentru că vei înțelege mai bine consistența aluatului.

c) Combinați untul, vanilia și ouăle într-un castron. Amestecați bine. Pe o suprafață curată, uscată și plană, frământați aluatul.

d) Presărați o mână de făină pe o suprafață de lucru, apoi puneți aluatul deasupra și începeți să frământați. Dacă este necesar, adăugați puțină făină pentru ca aluatul să nu se lipească de mâini sau de suprafață. Framantam aluatul pana se omogenizeaza. Acest lucru ar putea dura orice de la 10 minute. Va fi destul de adaptabil. Nu ar trebui să fie prea uscat, dar ar trebui să se poată întinde și să cedeze fără a se rupe.

e) Acoperiți cu folie de plastic după ce ați transferat într-un castron ușor uns cu ulei și răsturnați o dată pentru a acoperi.

f) Lăsați aluatul pregătit la crescut într-un loc cald timp de aproximativ două ore sau până când își dublează volumul. Formați fiecare componentă într-o frânghie lungă și mătăsoasă. Apoi rulați fiecare bucată de aluat într-un dreptunghi lung folosind un sucitor. Așezați pasta de guava în centrul fiecărui dreptunghi și rulați aluatul într-o rolă de jeleu .

g) Formați un inel unind cele două capete extreme. Apoi faceți același lucru cu celălalt dreptunghi. Așezați inelele pe o foaie de copt potrivită, tapetată cu hârtie de copt, cu cusătura în jos.

h) Acoperiți și lăsați deoparte 20-30 de minute pentru a crește într-un loc cald. Tăiați aluatul la intervale de ½ inch în jurul marginii exterioare cu o pereche de foarfece. Preîncălziți cuptorul la 400 de grade Fahrenheit. Ungeți oul bătut și untul topit peste vârfurile inelelor.

i) Coaceți aproape 20 de minute, sau până când deasupra devin aurii și inelele sunt complet gata.

81.Tort cu mălai

INGREDIENTE:
- 1 lingurita de unt
- 1 cană de făină universală
- 1 cană făină de porumb
- 1 lingura praf de copt
- ¼ lingurita sare
- 1 cană zahăr
- 2 oua
- ½ cană ulei vegetal
- 1 cană lapte integral

INSTRUCȚIUNI:
a) La 350 de grade F, preîncălziți cuptorul. Ungeți o prăjitură Bundt cu unt.
b) Amestecați făina cu restul ingredientelor pentru tort într-un mixer.
c) Întindeți acest amestec în tavă și coaceți timp de 10 minute. Lăsați-l să se răcească, feliați și serviți.

82. Budincă de lapte în stil columbian (Postre De Natas)

INGREDIENTE:
- 1 galon de lapte integral
- 2 căni de zahăr sau mai mult, dacă este necesar
- 4 gălbenușuri de ou
- Stafide, dupa gust
- Rom, după gust

INSTRUCȚIUNI:
a) Se fierbe laptele întreg într-o tigaie la foc mediu, apoi se ia de pe foc și se lasă deoparte câteva secunde.
b) Scoatem crema care se dezvolta deasupra cu o furculita si o depozitam intr-un borcan. Repetați până când nu mai există cremă sau nata de format. Pregătiți un sirop cu zahărul și o cană de lapte rămas în oală într-o oală mică.
c) Folosind un mixer electric, bateți gălbenușurile până la culoare, apoi adăugați-le în sirop și amestecați până se omogenizează bine. Combinați stafidele, romul și smântâna într-un bol de amestecare (Natas).
d) Se lasă să fiarbă aproape 10 minute, fără a amesteca, după ce am amestecat ușor totul . Lăsați să se răcească în frigider înainte de a transfera în feluri de mâncare separate.

83.Tort cu nucă de cocos

INGREDIENTE:
TORT
- 1 jumatate de unt, inmuiat
- 2 căni de zahăr
- 4 ouă, gălbenușuri și ouă separate
- 1 lingurita extract de vanilie
- 2 ½ căni de făină universală
- ½ cană lapte integral
- 1 conserve (13,5 oz) de lapte de cocos
- 1 lingura praf de copt
- 1 praf de sare

SOS
- 1 conserve (13 ½ oz.) de lapte de cocos
- 2 cani de fulgi de cocos
- 1 conserve (14 oz.) de lapte condensat

INSTRUCȚIUNI:
a) La 350 de grade F, preîncălziți cuptorul. Ungeți o tavă potrivită de 9 inci cu hârtie de copt.
b) Se unge cu spray de gătit și se pudrează cu făină.
c) Bateți albușurile spumă într-un castron potrivit până când devin spumă și păstrați-le deoparte. Bateți gălbenușurile, zahărul și untul în bolul unui mixer cu stand.
d) Bate timp de cinci minute. Se amestecă vanilia și se amestecă bine. Se amestecă restul ingredientelor pentru tort și se amestecă până se omogenizează. Încorporați albușurile, amestecați uniform și apoi întindeți-o în tava de copt. Coaceți tortul timp de 60 de minute.
e) Lăsați tortul să se răcească. Amestecați laptele de cocos, laptele condensat și fulgii de nucă de cocos într-o tigaie și gătiți până se îngroașă. Turnați glazura peste tort. Tăiați și serviți.

84.Buuelos columbieni

INGREDIENTE:
- 2 căni de quesito columbian (brânză), ras
- ⅓ cană făină de manioc
- ¼ cană amidon de porumb
- 2 linguri de zahar
- ¼ lingurita sare
- 1 lingura praf de copt
- 1 ou mare
- 1-2 linguri de lapte
- Ulei vegetal, pentru prajit

INSTRUCȚIUNI:

a) Răziți brânza cu ajutorul unui microplan și puneți-o într-un bol. Combinați amidonul de porumb, făina de manioc, zahărul, sarea și praful de copt într-un bol de amestecare adecvat. Pentru a amesteca, amestecați totul.

b) Cu mâinile, încorporează oul în ingredientele uscate. Câte o lingură, adăugați laptele și amestecați-l până obțineți un aluat omogen. Din aluat se formează o bile de mărimea unei linguri. Introduceți ușor fiecare Bunuelo în uleiul încălzit cu o lingură sau un păianjen (preîncălzit la 325 de grade F). În 30 de secunde, vor pluti la suprafață.

c) Sunt gata să se scurgă odată ce au căpătat o culoare maro auriu intens. Lăsați 10 minute să se răcească pe un platou tapetat cu prosoape de hârtie.

85. Tort cu pandișpan columbian (Bizcochuelo)

INGREDIENTE:

- 5 ouă mari, alb și gălbenuș, separate
- 1 ½ cană de zahăr granulat
- ½ cană suc de portocale
- ½ linguriță extract de vanilie
- 1 ½ cani de faina cernuta
- 1 ½ cană de amidon de porumb sau maizena cernută
- 2 lingurite de praf de copt
- 2 linguri de unt topit

INSTRUCȚIUNI:

a) La 350 de grade F, preîncălziți cuptorul. Puneți o tavă circulară potrivită de 8 inci cu hârtie de copt sau ungeți ușor tava cu unt înainte de a o înfăina. Jumătate din zahăr trebuie adăugată în albușuri, iar acestea trebuie să fie tari și lucioase.

b) Bateți cele 5 gălbenușuri de ou cu restul de zahăr într-un bol potrivit până când se îngroașă și galben pal. Se toarnă sucul de portocale și extractul de vanilie. Pentru a combina ingredientele, amestecați-le împreună.

c) Se amestecă făina cernută și amidonul de porumb până se omogenizează. Albușurile trebuie adăugate în aluat și pliate cu grijă în amestecul de gălbenușuri.

d) Îndoiți a doua treime din albușuri până când nu mai sunt vizibile albușuri. Repetați cu adăugarea finală de albuș. Se adauga untul si se amesteca bine.

e) Coaceți aproape 30 de minute după ce ați turnat aluatul de tort în tava de tort pregătită. În centre, introduceți o frigărui mică sau o scobitoare. Pe un grătar, răciți tortul în întregime.

f) Pentru a scoate tortul, treceți cu un cuțit în jurul interiorului tavii pentru a o slăbi.

86. Patiserie columbiană Dulce De Leche

INGREDIENTE:
- 1 foaie de aluat foietaj congelat decongelat

Umplutură (cremă de patiserie)
- 1 ½ cană de lapte
- ½ cană zahăr
- Ciupiți de sare
- 1 lingurita extract de vanilie
- 3 linguri amidon de porumb
- 3 galbenusuri batute
- 1 lingura de unt
- 1 cană de arequipe sau dulce de leche

INSTRUCȚIUNI:

a) La 400 de grade F, preîncălziți cuptorul. Întindeți 2 foi de copt tapetate cu hârtie de copt. De-a lungul semnelor de pliere, tăiați aluatul în trei fâșii. Puneți pe o tavă de copt și folosiți o furculiță pentru a face câteva găuri în fiecare aluat.

b) Coaceți aproape 15 minute, sau până când se rumenesc. Scoateți fursecurile de pe foile de copt și puneți-le să se răcească pe un grătar. Aduceți laptele la foc mic într-o cratiță potrivită.

c) Între timp, combinați zahărul, amidonul de porumb și sarea într-un castron mic. Amestecați treptat amestecul de amidon de porumb în lapte și gătiți timp de 6 minute sau până se îngroașă. Fierbeți aproape două minute, cu amestecare constantă, după ce amestecați gălbenușurile. Se ia tigaia de pe foc si se adauga untul si esenta de vanilie.

d) Se lasa sa se raceasca la temperatura camerei. Împărțiți fiecare aluat în două straturi cu o furculiță. Un strat de patiserie trebuie acoperit cu crema de patiserie. Straturile trebuie repetate .

e) Se serveste cu arequipe sau dulce de leche in parte.

87. Bucăți columbiene de ciocolată și brioșe cu banane

INGREDIENTE:
- 8 linguri de unt nesarat topit
- 2 căni de făină universală
- ⅔ cană zahăr granulat
- 1 lingura de praf de copt
- ½ linguriță de bicarbonat de sodiu
- ⅓ cană pudră de cacao neîndulcită cernută
- ¼ lingurita sare
- 2 căni de banane piure
- 1 ou mare
- ½ cană lapte integral
- 1 lingurita de extract de vanilie
- 4 uncii. Ciocolată columbiană amăruie tocată grosier

INSTRUCȚIUNI:
a) La 350 de grade F, preîncălziți cuptorul. Într-o tavă de brioșe de mărime obișnuită, ungeți cu unt sau pulverizați pahare pentru brioșe. Pe o tavă de copt, așezați tava pentru brioșe.
b) Combinați făina, zahărul, praful de copt, bicarbonatul de sodiu, cacao și sarea într-un bol de amestecare adecvat. Într-un vas pus peste o cratiță cu apă clocotită, se topește untul și jumătate din ciocolata tocată. Opriți căldura. Combinați piureul de banane, oul, amestecul de unt topit și laptele într-un vas separat.
c) Turnați componentele lichide peste ingredientele uscate și amestecați ușor pentru a se combina folosind o spatulă de cauciuc. Aluatul nu trebuie să fie prea amestecat. Într-un castron separat, combinați restul de ciocolată tocată. Umpleți fiecare ceașcă de brioșe aproximativ trei sferturi cu aluat.
d) Coaceți brioșele aproape 25 de minute, sau până când un cuțit introdus în centru iese curat.
e) Se răcește timp de 10 minute în tigaie pe un grătar de răcire. Scoateți tăvile de brioșe din cuptor.

88. Bezea columbiană cu căpșuni

INGREDIENTE:
MERENGÓN
- 5 albusuri mari
- 1 ½ cană de zahăr granulat
- ½ lingură suc de lămâie
- ¼ lingurita extract de vanilie

Umplutură cu căpșuni
- 3 cani de capsuni proaspete, feliate
- ¼ cană zahăr
- 1 cană de smântână groasă
- 1 lingurita de extract de vanilie
- 2 linguri de zahar pudra

INSTRUCȚIUNI:
a) La 250 de grade F, preîncălziți cuptorul cu un gratar în mijloc. Lăsați deoparte două foaie mici sau una mare tapetată cu hârtie de copt.
b) Într-un castron potrivit, bate albușurile spumă cu un mixer electric până se formează vârfuri moi. Măriți viteza la mare și adăugați treptat zahărul granulat, aproximativ 3 linguri o dată, până se formează vârfuri ferme. Albul trebuie să fie solid, dar nu uscat.
c) Răzuiți partea bolului din când în când. Jumătate din bezea trebuie turnată pe foaia de copt pregătită și aplatizată cu o spatulă, asigurându-vă că baza nu este prea subțire. Puneți bezeaua rămasă pe o tavă separată. Se face bezeaua timp de aproximativ două ore, sau până devine crocantă.
d) Opriți cuptorul și lăsați bezeaua la cuptor cu ușa întredeschisă timp de 2-4 ore, sau până se răcește bine. Când este încă cald, nu-l scoateți din cuptor.
e) Pentru a face umplutura, combinați următoarele ingrediente într-un bol de amestecare. Lăsați căpșunile să macereze într-un castron cu zahărul granulat până se termină bezeaua. Bateți vanilia, smântâna și zahărul pudră până când sunt fermi și spumos.
f) Peste bezea se intinde frisca cu o spatula, apoi se pune capsuni si a doua bezea.
g) Mai adaugam un strat de crema si capsunile ramase deasupra.

89. Tort cu manioc

INGREDIENTE:
- 1 ½ lbs. manioc decojit si ras
- 1 ½ cană de brânză rasă
- 1 lingura unt topit
- 1 cană zahăr
- 2 lingurite de seminte de anason intregi
- 1 cană lapte de cocos

INSTRUCȚIUNI:
a) La 400 de grade F, preîncălziți cuptorul.
b) Combinați maniocul și brânza într-un bol de amestecare. In timp ce continuati sa amestecati, adaugati untul topit si zaharul.
c) Se amestecă bine laptele de cocos. Se amestecă semințele de anason până când aluatul este moale și uniform, frecându-le între palme pentru a elibera aroma.
d) Umpleți o tavă de copt unsă cu forma.
e) Coaceți aproape 50 de minute sau până când se rumenesc și sunt fermi.

90.Plăcintă cu cremă de ciocolată

INGREDIENTE:
CRUSTĂ
- 30 de pătrate biscuiți cu miere Graham
- 1 jumatate de unt, inmuiat
- 12 fursecuri digestive acoperite cu ciocolată

Umplutura cu crema
- 3 galbenusuri de ou
- 1 conserve (14 oz) de lapte condensat
- 1 cană lapte integral
- 1 pachet (¼ oz) de gelatină fără aromă
- ½ cană apă rece
- 1 ½ cană de smântână groasă
- Ganache de ciocolata
- 1 pungă (12 oz) de chipsuri de ciocolată dulce
- 1 cană smântână groasă

INSTRUCȚIUNI:
a) Amestecați biscuiții Graham cu unt într-un robot de bucătărie și întindeți-o într-o tavă arcuită de nouă inci unsă cu spray de gătit.
b) Acoperiți și lăsați această crustă la frigider timp de o oră. Bateți gălbenușurile de ou cu laptele și laptele condensat îndulcit într-o cratiță potrivită și fierbeți până la fierbere. Reduceți căldura și gătiți timp de 10 minute până se îngroașă.
c) Amestecați gelatina și apa rece într-un castron și încălziți la cuptorul cu microunde timp de cinci secunde. Adăugați acest amestec de gelatină la amestecul de smântână și gătiți până când amestecul se îngroașă.
d) Bateți smântâna groasă într-un bol până devine pufoasă. Adăugați această cremă în amestecul de lapte, amestecați uniform și întindeți amestecul în crustă.
e) Acoperiți și lăsați la frigider timp de trei ore. Pentru ganache, adăugați smântâna și fulgii de ciocolată într-o cratiță potrivită și gătiți până se topește ciocolata .
f) Se toarnă acest ganache peste plăcintă, se acoperă din nou și se dă la frigider pentru o oră. Servi.

91. Flan de vanilie

INGREDIENTE:
- 1 cană zahăr
- ⅓ cană apă
- 2 (14 oz) cutii de lapte condensat îndulcit
- 28 oz. tot laptele
- 4 ouă
- 1 lingura extract de vanilie

INSTRUCȚIUNI:
a) La 375 de grade F, preîncălziți cuptorul. Topiți untul într-o tigaie și gătiți timp de 10 minute până devine maro. Se amestecă apa și se amestecă bine. Întindeți acest caramel într-o tigaie de 10 inchi și lăsați-l să se răcească.
b) Amestecați vanilia, ouăle, laptele și laptele condensat într-o tigaie și gătiți timp de două minute amestecând. Turnați acest amestec în tavă, acoperiți cu o foaie de folie și coaceți timp de o oră și jumătate la cuptor.
c) Lăsați flanul să se răcească și răsturnați farfuria de servire. Servi.

92. Postre De Milo

INGREDIENTE:
- 1 conserve (14 oz.) de lapte condensat
- 1 conserve (7,6 oz.) cutie de smântână de lapte
- 1 cană lapte
- 2 linguri amidon de porumb
- Milo sau altă pudră de malț cu aromă de ciocolată , cât doriți
- Biscuiti Ducale

INSTRUCȚIUNI:
a) Combinați laptele condensat și crema de lapte într-o cratiță potrivită la foc mediu.
b) Adăugați laptele într-un castron mic sau o ceașcă și amestecați amidonul de porumb până se omogenizează complet. Se toarnă în cratiță, amestecând regulat pentru a evita cocoloașele.
c) Continuați să gătiți la foc mediu-mic. De aici încolo, nu încetați să amestecați amestecul până nu este gata. Gatiti amestecul la fiert timp de aproximativ un minut sau pana se ingroasa. Opriți căldura.
d) Adăugați un strat de budincă de lapte pe fundul unei tigăi pătrate de 8x8 sau a unei tigăi circulare de 8 inci, apoi presărați pudră Milo peste tot cu o lingură. Cantitatea de Milo din fiecare strat depinde în întregime de dvs. Puneți deasupra un strat de fursecuri, la distanță uniformă.
e) Repetați procesul cu budinca până când ați epuizat toate amestecurile de lapte. Dati la frigider patru ore inainte de servire, acoperite cu folie de plastic. Tăiați și serviți.

93. Bananos Calados

INGREDIENTE:
- 8 linguri de unt topit
- 1 lingura coaja de lime
- 2 linguri de suc de lamaie proaspat stors
- 3 linguri de zahar
- 8 banane

INSTRUCȚIUNI:
a) Preîncălziți cuptorul la 350 de grade Fahrenheit. Pune deoparte un vas Pyrex care a fost stropit cu spray de gătit.
b) Într-un bol de amestecare potrivit, combinați primele patru ingrediente. Jumătate din amestec trebuie turnată în Pyrex. Așezați bananele în vasul Pyrex după ce le curățați.
c) Peste banane, turnați amestecul rămas. Pentru cea mai bună acoperire, utilizați o perie.
d) Coaceți vasul până când bananele devin maro auriu (20-30 de minute).
e) Serviți cu înghețată, iaurt sau lapte rece ca topping.

BĂUTURI

94.Refajo columbian

INGREDIENTE:
- 1 litru de sifon Colombiana
- 9 căni de bere
- 4 cesti de gheata
- 3 lovituri de aguardiente

INSTRUCȚIUNI:
a) Amestecați toate ingredientele rețetei într-un vas potrivit și serviți.

95.Ciocolată caldă columbiană cu brânză

INGREDIENTE:

- 2 cani de lapte
- 1 ½ lingură zahăr
- 2 ¼ oz dintr-un baton de ciocolată neagră, tocat
- 1 oz brânză mozzarella, tăiată cubulețe

INSTRUCȚIUNI:

a) Se incinge laptele intr-o oala potrivita la foc mic, amestecand regulat pana se incalzeste. Se amestecă bucățile de ciocolată în lapte și se gătesc până se topesc și se amestecă cu laptele. Se aruncă zahărul.

b) Continuați să amestecați pe măsură ce laptele ajunge la fierbere scăzută. În fundul a două căni, puneți câteva cuburi de brânză mozzarella.

c) Umpleți fiecare cană pe jumătate cu ciocolată fierbinte și lăsați deoparte două-trei minute pentru a lăsa brânza să se topească. Bucurați-vă!

96.Coralul columbian

INGREDIENTE:
- 1½ oz rom columbian învechit
- 1 oz suc de grepfrut
- ½ oz suc de lamaie
- ¼ oz sirop de fructul pasiunii Marie Brizard
- 2 oz sifon de portocale cu sânge, cum ar fi San Pellegrino Aranciata Rosa
- 1 felie uscată de portocală sanguină pentru decor

INSTRUCȚIUNI:
a) Combinați romul, sucul de grepfrut, sucul de lime și siropul de fructul pasiunii într-un shaker.
b) Se agită timp de 30 de secunde, apoi se strecoară într-un pahar de servire umplut cu gheață.
c) Adăugați un strop de sifon de portocale cu sânge deasupra. Serviți cu o felie de portocală uscată ca garnitură.

97.Băutură caldă de ananas columbian

INGREDIENTE:
- 5 căni de apă
- 1 ananas, decojit, dezlipit si taiat cubulete
- 1 ½ cană de zahăr
- Aguardiente, după gust

INSTRUCȚIUNI:
a) Amestecă bucățile de ananas cu apa în loturi în blender până la omogenizare.
b) Folosind o sită, strecoară sucul. Într-o oală potrivită, combinați sucul și zahărul.
c) Gatiti pana la fierbere, apoi reduceti la mediu si continuati sa gatiti 15 minute.
d) Pentru a servi, combinați aguardientele și zahărul într-un vas mic. Înmuiați marginea unei cești în zahăr după ce ați umezit-o cu un prosop de hârtie umezit. Servi.

98. Cocktail columbian de nucă de cocos

INGREDIENTE:
- Cuburi de gheață la nevoie
- ¼ cană rom
- ¼ cană de vodcă
- ¼ cană de tequila
- 2 cesti crema de cocos
- 1 cană apă de cocos
- Suc de 3 lime
- Felii de lime pentru a servi

INSTRUCȚIUNI:
a) Într-un blender potrivit, combinați toate ingredientele rețetei și amestecați timp de câteva secunde până când se omogenizează.
b) Umpleți un pahar sau o nucă de cocos proaspătă cu amestecul.
c) Serviți imediat cu o felie de lime ca garnitură.

99. columbian Salpicón

INGREDIENTE:
- 1 ½ cană de mere tăiate cubulețe
- 1 ½ cană de căpșuni tăiate cubulețe
- 1 ½ cană de pepene verde tăiat cubulețe
- 1 ½ cană de banane tăiate cubulețe
- 1 ½ cană de papaya tăiată cubulețe
- 1 ½ cani de portocala taiata cubulete
- 1 ½ cană de ananas proaspăt tăiat cubulețe
- 1 ½ cană de struguri, roșii și verzi
- 1 ½ cani de kiwi taiat cubulete
- 6 ½ căni Sprite Zero sau cola dietetică

INSTRUCȚIUNI:
a) Combinați toate ingredientele rețetei într-un ulcior potrivit cu sifon spumant. Servi.

100.Cocktail de portocale și aguardiente

INGREDIENTE:
- 6 uncii Aguardiente columbian
- 2 uncii suc de lamaie
- 4 uncii suc de portocale
- 1 lingura zahar
- 1 albus de ou amestecat usor

INSTRUCȚIUNI:
a) Se amestecă toate ingredientele într-un shaker de cocktail umplut cu gheață până se combină bine și devine spumos.
b) Se strecoară într-un pahar de servire.

CONCLUZIE

În timp ce ne luăm rămas bun de la „CARTEA DE BUCATE COLOMBIANĂ ULTIMĂ", o facem cu inimile pline de recunoștință pentru aromele savurate, amintirile create și aventurile culinare împărtășite pe parcurs. Prin 100 de rețete care au celebrat moștenirea bogată a Americii de Sud, ne-am îmbarcat într-o călătorie de arome, cultură și explorare culinară, descoperind tapiseria vibrantă a bucătăriei columbiene și poveștile din spatele fiecărui fel de mâncare.

Dar călătoria noastră nu se termină aici. Pe măsură ce ne întoarcem în bucătăriile noastre, înarmați cu inspirație nouă și apreciere pentru bucătăria columbiană, permiteți-ne să continuăm să explorăm, să experimentăm și să creăm. Fie că gătim pentru noi înșine, pentru cei dragi sau pentru oaspeți, rețetele din această carte de bucate să servească drept sursă de bucurie și conexiune, unind culturi și sărbătorind limbajul universal al mâncării.

Și pe măsură ce savurăm fiecare înghițitură delicioasă a bunătății columbiene, să ne amintim de plăcerile simple ale mâncării bune, companiei bune și bucuria de a împărtăși mesele cu cei dragi. Vă mulțumim că v-ați alăturat nouă în această călătorie culinară prin aromele vibrante ale Columbiei. Fie ca bucătăria ta să fie mereu plină de spiritul aventurii și fie ca fiecare fel de mâncare pe care o faci să fie o sărbătoare a bogatei moșteniri a Americii de Sud. ¡ Buen provecho !

www.ingramcontent.com/pod-product-compliance
Lightning Source LLC
Chambersburg PA
CBHW070354120526
44590CB00014B/1135